JÖRG MAUTHE
DER WELTUNTERGANG ZU WIEN

EDITION ATELIER

Jörg Mauthe

DER WELTUNTERGANG ZU WIEN UND WIE MAN IHN ÜBERLEBT

Austriakische
Einsichten
in zukünftige
Aussichten

Mit zahlreichen Zeichnungen
des Autors

EDITION ATELIER

Gestaltung des Schutzumschlages:
Hans Schaumberger

Druck und Bindung: LANDESVERLAG Druck Linz

ISBN 3-9003-7935-1

Inhalt

Vorwort

„Kurzum", so räsoniert der Lebensphilosoph Knieriem in Nestroys Lumpazivagabundus, „oben und unten sieht man, es geht rein auf'n Untergang los."

Was vor 150 Jahren vielleicht noch als ein Bonmot erschienen sein mag, erweist sich heute als ein prophetisches Wort: Denn es ist tatsächlich nicht mehr zu übersehen, daß es mit dieser Welt zu Ende geht.

Die Zeichen stehen auf Sturm, die Rösser der apokalyptischen Reiter scharren mit den Hufen, die Endzeit-Katastrophe naht. Was tun?

Jörg Mauthe schlägt vor: das Schlimmstmögliche erwarten und sich darauf vorbereiten, es zu überleben. Es wäre fatal, meint er, angesichts des Weltuntergangs in eine Knieriemsche Fatalitätslethargie zu verfallen und sich tatenlos dem Schicksal zu ergeben.

Mauthes Leben war von der Überzeugung bestimmt, „daß ich als Bürger und Privatmann so etwas wie ein intermittierender Apokalyptiker bin, als Politiker es aber für meine Pflicht halte, alles zu tun, was man im Angesicht einer drohenden existentiellen Gefahr zur Durchführung rettender Gegenmaßnahmen, zur Vorsorge für den Ernstfall, zur Schaffung von Überlebensmöglichkeiten nur tun kann."

Das zu dokumentieren, ist die Absicht dieses Bandes, der außer einem (leider unvollendeten) Handbuch zum Thema „Der Weltuntergang — und wie man ihn überlebt" eine Auswahl von Essays,

Feuilletons, Glossen und Reden aus den Jahren 1975—1985 enthält; darunter befinden sich auch die wichtigsten Reden, die Mauthe als ÖVP-Mandatar im Wiener Gemeinderat (dem er seit 1978 angehörte) gehalten hat.

Der Schriftsteller, Journalist, Bürger und Politiker Mauthe hat sich nie damit begnügt, die Welt zu beschreiben, wie sie ist; er wollte sie immer auch verändern, verbessern, ja, ich wage sogar das pathetische Wort: retten. Deshalb stellte er, als er sich über den apokalyptischen Zustand der Erde im klaren war, unverzüglich praktische und theoretische Überlegungen zum Verhalten vor und nach dem Weltuntergang an; und — als Politiker — theoretische und praktische Überlegungen zur Durchführung rettender Gegenmaßnahmen. Er dachte nicht daran zu resignieren. Er dachte vielmehr darüber nach, was zu tun sei, um den kulturellen, ökologischen, politischen, gesellschaftlichen — kurz: den existentiellen Zustand seiner Heimatstadt Wien, seines Heimatlandes Österreich zu verbessern; wobei er freilich stets „ein größeres Österreich" im Sinn hatte, ein Österreich, das „zum Muster- und Modell-Land dieses Kontinents", ja wohl gar zu einer „Versuchsstation für Weltanfänge" werden könnte.

Denn Jörg Mauthes Blicke in zukünftige Aussichten waren — dem nahenden Weltuntergang zum Trotz — durch und durch austriakische Einsichten.

David Axmann

Die Zeichen stehen auf Sturm

Politiker sprechen, sofern sie sich's politisch leisten können, von einer Weltwirtschaftskrise.

Die Finanzminister haben Angst vor dem Zusammenbruch der zunehmend störungsanfälligen Weltwährungssysteme.

Die Technologen sehen eine globale Energiekrise voraus.

Die Sprecher der Welternährungsorganisation halten es für wahrscheinlich, daß demnächst hunderte Millionen Menschen verhungern werden.

Die Statistiken beweisen, daß die Weltbevölkerungsexplosion nicht aufzuhalten ist.

Naturwissenschaftler prophezeien, daß in zehn oder fünfzehn Jahren von allen Seiten Umweltkatastrophen auf uns hereinbrechen werden.

Psychologen zerbrechen sich einigermaßen fassungslos die Köpfe über das Phänomen einer allerorts und in allen Lebensbereichen zunehmenden Aggressivität.

Soziologen sind in gleicher Verlegenheit angesichts der überall steigenden Kriminalitätsraten.

Die Maler, die Literaten, die Filme-Macher, Leute also, die eine gute Witterung für das haben, was so in der Luft liegen könnte, produzieren einen Angsttraum nach dem anderen. Jeder neue Angsttraum hat die unverkennbare Tendenz, noch absurder, horrender und bestialischer als der vorhergehende zu sein.

Die Zeichen, wahrhaftig, sie stehen auf Sturm. Aber entweder können wir die Zeichen nicht mehr lesen, oder haben vergessen, was Stürme eigentlich sind. Allüberall taucht an den Betonwänden unserer Zivilisation eine nicht von Neonröhren verursachte Flammenschrift auf: „Mene mene tekel upharsin". Aber die Bedeutung dieser Worte wird leider nicht verstanden: Wer kann schon assyrisch?

Jeder spricht nur von der Katastrophe seines eigenen Denk- und Handlungsbereichs. Dem Technologen ist die Währungskrise unerheblich, dem Finanzmann die Umweltkatastrophe, dem Wirtschaftsspezialisten die Kriminalitätswelle; der Kreative kümmert sich nicht um Bevölkerungszahlen, und weder der Biologe noch der Politiker wird sich dazu bereit finden, die Aussagen von Künstlern als Entscheidungshilfen zu benützen.

Und doch leuchtet ein, daß, wenn auch nur zwei oder gar nur eine einzige jener Voraussagen eintreffen sollten, alle anderen auch wahr würden. Denn wir leben nun einmal im Zeitalter der großen Interdependenzen, der Abhängigkeit alles von allem.

Daß aber irgendeine jener schrecklichen Prophezeiungen Wirklichkeit werde, das scheint doch wohl ziemlich sicher zu sein. Zu laut wird das unterirdische Grollen hinter der Fassade unserer Friedens- und Wohlstandsgesellschaft, zu tiefe Sprünge zeigen, hier wie dort, bereits die Wirtschaftssysteme des späten 20. Jahrhunderts, zu deutlich bröckeln die Pfeiler ab, auf denen sie stehen, zuviel Absurdes ereignet sich in unserer Computerzivilisation.

Wir können die Schrift nicht lesen, aber wir ahnen, daß sie Unheilvolles sagen will. Es besteht kein Zweifel daran, daß Angst uns zu beherrschen und zu einem Bestandteil unseres täglichen Lebens zu werden beginnt; Angst vor der nächsten Kata-

strophe, Angst, die mit guten Gründen ahnt, daß diese Katastrophe schlimmer sein wird als die von 1914, die von 1929, die von 1938 — denn wenn ein allgemeiner Trend zum immer Schnelleren, immer Größeren, immer Radikaleren herrscht, warum sollte das nicht auch für die nächste Katastrophe gelten?

Es gibt, natürlich, Optimisten, die eine solche Zukunft für vermeidbar halten; aber ihre Argumente sind nicht überzeugend. Im Grunde reduzieren sich ihre Hoffnungen, sehr vereinfacht, auf drei Annahmen:

Die erste Annahme besagt, daß vorausgesagte Katastrophen selten eintreffen.

Ich weiß nicht, worauf sich diese primitive Hoffnung — primitiv auch dann, wenn sie in hochintellektualisierter Form ausgesprochen wird — eigentlich gründet. Denn tatsächlich ist noch jede Katastrophe vorausgesagt worden und dann doch eingetreten, wenn auch nicht immer zum vorausgesagten Termin und nicht immer mit den prophezeiten Folgen (denn meistens waren die Folgen noch viel schlimmer als vorausgesehen).

Die zweite Annahme besagt, daß zu erwartende Groß-Katastrophen heutzutage verhältnismäßig aussichtsreicher als früher zu vermeiden beziehungsweise zu bekämpfen seien, weil uns die Technik und Organisationskunst unseres Zeitalters früher nicht vorhanden gewesene Mittel dazu an die Hand gäben.

Aber hier liegt wohl ein versteckter Zirkelschluß vor; denn da uns ja gerade die Technik und die Organisationssucht unseres Zeitalters in die fatale Situation gebracht haben, in der wir uns befinden, hat diese Annahme eine verdächtige Ähnlichkeit mit dem alten Rezept, demzufolge man den Teufel am besten mit dem Beelzebub austreibt — ein Rezept, das noch nie Heilung gebracht hat.

Die dritte und ernsthafteste Katastrophenvermeidungstheorie besagt, daß wir, wiederum dank unserer hochgezüchteten technischen Erkenntnisse, imstande wären, notwendige Umdenk- und Lernprozesse mit beträchtlicher Geschwindigkeit einzuleiten und durchzuführen, daß wir also auch in letzter Minute noch lernen könnten, voraussehbaren Katastrophen rechtzeitig auszuweichen oder sie wenigstens auf ein erträgliches Maß herabzumindern.

Diese Theorie beruht deutlicher noch als die vorhergehenden auf der Überlegung, daß der Mensch im Kollektiv auf Umwelt-Veränderungen ebenso zweckdienlich zu reagieren imstande ist, wie er es als Individuum oder im Bereich einer kleinen Gruppe ist. Solche Reaktionsweisen scheinen aber nach allem, was wir darüber wissen, von der Natur aus diesem oder jenem unerforschlichen Grund nicht vorgesehen zu sein. Jedenfalls geben Geschichte und Mythos kein Beispiel dafür, daß Kollektive auf voraussehbare Katastrophen vernünftig reagiert, das heißt, sich einem ad hoc einzusetzenden Lernprozeß unterzogen hätten.

Immerhin vermag die Weltgeschichte soviel zu lehren: daß nämlich jede vorausgesagte Weltkatastrophe verhältnismäßig leicht vermeidbar gewesen wäre, und doch nie vermieden wurde — von Noahs Zeiten herauf bis in die unsrigen. Obwohl in der kleinen, leicht überschaubaren Noah-Welt ein Lernprozeß ja noch unverhältnismäßig leichter durchzuführen gewesen wäre als in unserer so überaus komplizierten und überspezialisierten Gesellschaft, in der zwecks Katastrophenvermeidung der auf Kindersegen sinnende Hindu-Bauer neben dem schwedischen Ingenieur und der Ölscheich neben dem Programmierer aus Detroit die gleiche Lernprozeß-Schulbank drücken müßte.

Als Individuum hingegen oder als Angehöriger einer kleinen Gruppe (der Familie, der Sippe, der Nachbarschaft, einer Minderheit) ist der Mensch, dieses anpassungsfähigste aller Lebewesen, sehr wohl fähig, eine vernünftige Katastrophen-Strategie zu entwickeln: Noahs Familie verzichtete darauf, den Weltuntergang vermeiden zu wollen, und begann darüber nachzudenken, wie sie ihn überleben könnte.

Dieses Nachdenken war, wie man weiß, von Erfolg gekrönt.

So vernünftig es also theoretisch wäre, das Schlimmste, das eintreten könnte, zu vermeiden, so wenig erfolgreich scheint eine solche Einstellung in der Praxis zu sein, wenn jenes Schlimmste einmal die Beeinflussungsmöglichkeiten durch das Individuum oder seine kleine Gruppe übersteigt.

Mehr Erfolg verspricht in solchen Fällen die zweitvernünftigste Haltung dem Schlimmstmöglichen gegenüber: Nämlich es zu erwarten und sich darauf vorzubereiten, es zu überleben. Ein solches Verhalten entspricht jedenfalls dem Denkvermögen, den Adaptionsfähigkeiten, der Vorstellungs- und Erfindungsgabe des Menschen und schließlich auch uralten Erfahrungen, die er im Laufe seiner Geschichte gemacht hat. Für eine solche Haltung ist er geeignet, auf sie hin ist er konditioniert; sie entspricht seiner Natur und möglicherweise auch der Natur selbst.

Nehmen wir also an, der nächste Weltuntergang steht vor der Tür.

Wie werden wir ihm begegnen?

Sie kennen vielleicht die Geschichte von der kleinen Stadt, die, von Fluten allseits eingeschlossen, in sechs Stunden ganz und gar auf dem Grunde eines Sees liegen wird?

Die Protestanten versammeln sich und üben, in Erwartung des Jüngsten Gerichts, Reue und Zerknirschung.

Die Katholiken beten gemeinsam, daß Gott ein Wunder tun und die Katastrophe im letzten Augenblick abwenden möge.

Auch in der Synagoge haben sich die Frommen versammelt. „Sechs Stunden", sagt der Rabbi, „haben wir noch Zeit zu klären, wie sich's unter Wasser leben wird. Lasset uns beginnen."

Ich weiß nicht, ob jene kleine Stadt schließlich wirklich ertrunken ist. Vermutlich nicht, denn sonst hätte niemand diese Geschichte berichten können. Aber gewiß hätten jene sechs Stunden mit nichts besser verbracht werden können als mit solchem Nachdenken.

Laßt uns also überlegen, wie wir unter dem Wasser, das vielleicht über uns hereinbrechen wird, weiterleben könnten. Schaden kann's ja nicht, nützen aber vielleicht doch.

Globale Interdependenz

Irgendwann einmal, wenn dies alles längst vorbei und Historie sein wird, werden sich die Kulturhistoriker ferner Tage sicherlich darauf einigen, daß eines der hervorragendsten, ja geradezu den Stil des späten 20. Jahrhunderts prägenden Merkmale unserer Zeit die globale Interdependenz ist.

„Interdependenz" heißt und bedeutet: Gegenseitige Abhängigkeit aller in einem System wirksamen Faktoren.

Und was heißt „globale Interdependenz"?

Diese Wortfügung schildert den Zustand einer Welt, in der alles von allem abhängig ist und in der alles funktionieren muß, damit alles funktionieren kann.

Dies ist eine zwar sehr vereinfachte, aber doch zugleich sehr exakte Beschreibung des Zustandes, der die sogenannten entwickelten Länder oder Industriegesellschaften unserer Zeit beherrscht.

Interdependenz: Das sind die multi- oder supranationalen Konzerne, das System der ineinander verwobenen Weltwährungen, der miteinander verflochtenen Agrarmärkte, der großen Bündnissysteme, die mit- oder zueinander wiederum in einem Abhängigkeitsverhältnis des gegenseitigen Ausbalancierens und Nachjustierens stehen; Interdependenz ist schließlich die Verflechtung dieser und unzähliger anderer Faktoren zu einem weltumspannenden System, in dem jeder Faktor auf jeden anderen einwirkt: Der Energiepreis auf die Wirtschaft, die Wirtschaft auf die Politik, die Politik wiederum auf die Wirtschaft, die Wirtschaft eben-

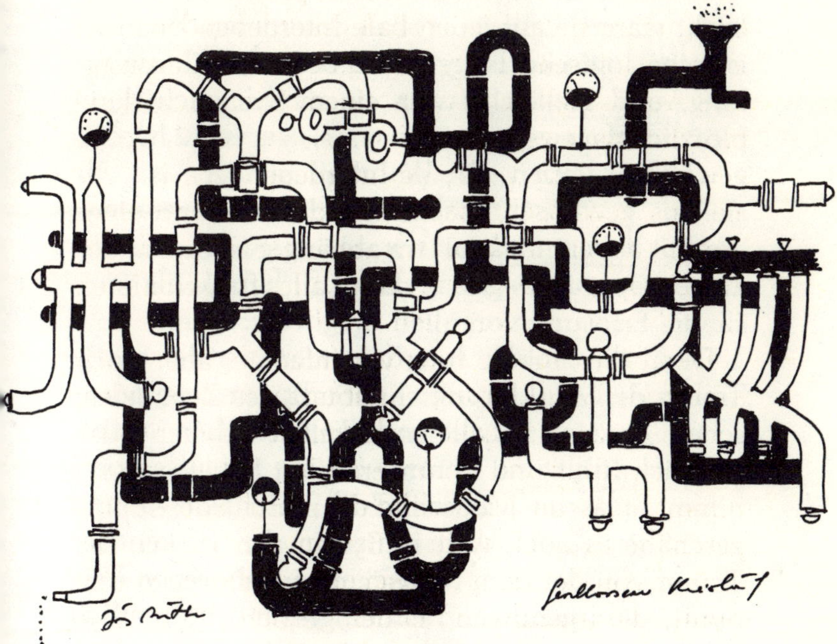

falls wiederum zurück auf den Energiepreis, dieser aber auch auf irgendeinen staatlichen Haushalt, dessen Zustand jedoch nicht ohne Auswirkung auf die Währungssituation im allgemeinen oder anderer Staaten im besonderen ist — und so weiter, und so weiter.

Es ist nicht so, daß diese Interdependenz auf leisen Sohlen dahergekommen wäre, oh nein. Vielleicht wäre sie auf jeden Fall gekommen, denn sie ist eine logische Folge der technischen Entwicklung, und vielleicht wäre sie darum auch dann plötzlich dagewesen, wenn wir sie gar nicht herbeigewünscht hätten. Die Wahrheit ist aber, daß wir sie uns gewünscht haben, daß wir sie geradezu ersehnt haben, und daß wir sie, als sie ihren Siegeszug begann, so begeistert begrüßt haben, als wäre sie die Erlösung von allen möglichen Übeln.

Denn die globale Interdependenz ist der große Traum der Aufklärung — der Traum vom Menschen, der sich für alle anderen Menschen verantwortlich fühlt und Verantwortung für alles übernimmt, was an Menschlichem geschieht — und geschähe es auch weit hinten in der Türkei; der Traum von der dem Menschen eingeborenen Vernunft, die irgendwann einmal — und hoffentlich bald! — für einen allgemeinen Interessen-Ausgleich unter den Bewohnern dieser Erde und damit für den endlichen Beginn des Paradieses auf Erden sorgen wird, in dem der Löwe friedlich neben den Lämmern weidet; und der Traum von der Technik schließlich, die alle anderen Träume zur Wirklichkeit bringen wird.

Und in der Tat, eine Zeitlang ging's mit der Traumerfüllung wirklich flott dahin und es war eine rechte Lust, mitanzusehen, wie die wirtschaftliche und politische Vernunft endlich zum Zuge kam, über die Schranken alter Vorurteile hüpfte und interdependent machte, was vordem sein Eigenleben geführt hatte. Ach, mit welchen Hoffnungen sind damals europäische und atlantische Interdependenz-Bündnisse und -Vereinigungen geschlossen worden! Mit welchem vernünftigen Enthusiasmus haben damals die Länder und Staaten begonnen, ihre Volkswirtschaften, ihre Währungen und ihre Technologien aufeinander abzustimmen! Mit welchem Gründerzeit-Eifer haben die Industriemanager ausländische Tochterfirmen gezeugt, schossen die supranationalen Organisationen und Konzerne wie die Schwämme aus der Erde — wie vernünftig, logisch und einsichtig schien das alles!

Das war die Zeit, in der die Theologen ernsthaft glaubten, uralte archetypische Schismata ließen sich beseitigen, wenn man sich nun endlich guten Willens zum vernünftigen Konzils-Gespräch zusammensetzte; da nicht nur Ideologie-Theoretiker, sondern handfeste Macht-Politiker von den Neuen Grenzen des Menschen redeten, die irgendwo im Allgemein-Humanen, möglicherweise sogar schon in der Nähe des Mondes lagen. Das waren die Jahre, in denen die Werbefachleute — auch Reklame-Slogans — den Duft der Großen Weiten Welt um unsere Nasen wehen ließen (und großen Erfolg hatten: auch Reklame-Slogans haben manchmal kulturgeschichtliche Aussagekraft!).

Zunächst einmal brachte die globale Interdependenz hervorragende, schöne Früchte: Sie verhinderte vor allem einmal den gefürchteten Global-

Konflikt (erinnern Sie sich, welche Angst wir damals, vor 1956, vor der Atombombe hatten?), indem sie selbst zwischen eingeschworenen Erbfeinden unzerreißbare Fäden spann. Sie schuf ein Klima der Liberalität, in dem der alte Aufklärungskampfruf nach Freiheit und Gleichheit und Brüderlichkeit plötzlich wie der Trompetenton vor Jericho erscholl — und siehe, jahrhundertealte Kolonialreiche zerfielen unter ihnen über Nacht und Völker befreiten sich oder wurden befreit, von denen man auf der anderen Seite des Erdballs bis dahin noch nicht einmal den Namen gekannt hatte; und dabei blieb es keineswegs. Denn es war ja allerorten noch viel Emanzipatorisches nachzuholen an Minderheiten und unterdrückten Klassen und eigentlich auch an den Frauen im allgemeinen; und weil man nun schon einmal im Liberalisieren war, konnte man auch Schluß machen mit den sexuellen Zwängen, denn in einer pluralistischen Gesellschaft hat natürlich jeder das Recht auf persönliche freie Entfaltung auf allen Gebieten.

Den handgreiflichen Beweis für die Richtigkeit und Zweckmäßigkeit des Interdependenz-Prinzips aber lieferte wohl die Hochkonjunktur mit ihren offenbar zuverlässig steigenden Wachstumsraten, steigenden Einkommen, steigenden Überflüssen — das machte ja wohl dem Dümmsten begreiflich, daß die vielfachen gegenseitigen Absicherungs- und Ausgleichs-, Verteilungs- und Rationalisierungsmechanismen der Großen Interdependenz eine wundervolle Sache waren, vernünftig an sich und vorteilhaft für jeden.

Denn das Prinzip der Interdependenz — es ist wichtig, sich das klarzumachen — gilt auch im individuellen und privaten Lebensbereich eines jeden Industriestaatenbürgers. Der Mann, der ein Auto braucht, um damit seinen Arbeitsplatz zu erreichen, ist abhängig von diesem Auto (und genießt diese Abhängigkeit, denn das Auto erweitert seinen Bewegungsraum — oder wenigstens scheint es ihm so); die Hausfrau ist abhängig von ihren Haushaltsmaschinen (und ist froh darüber, denn die Maschinen verschaffen ihr Freizeit); und sie ist abhängig vom Supermarkt (der das Einkaufen lustvoll macht). Aber der Supermarkt ist nicht nur von der Hausfrau abhängig (die seine Waren kauft), sondern auch von Großkonzernen aller Art, die ihrerseits abhängig sind von Produktionsfirmen, die wiederum abhängig sind von Rohstofflieferungen, Krediten und Arbeitskräften. Und der Haushalt ist abhängig von der unbeschränkten Energie-Zulieferung — und so weiter. Abhängigkeiten, wohin man blickt, alles mit allem verbunden — ein hervorragendes System, solange es funktioniert. Es hat uns jahrelang Überfluß geschenkt — am Ende waren die Orangen aus Jaffa billiger als die heimischen Äpfel, hatte der Bürger auch wochentags sein Huhn im Topf, war Armut kein soziales, sondern nur mehr ein administratives Problem und Arbeitslosigkeit ein historischer Begriff geworden.

Vielleicht sollte man sich zwischendurch einmal daran erinnern, daß sich alles das — die Große Liberalisierung, die Große Interdependenz und die Große Konjunktur — im Laufe von rund zehn Jahren, etwa zwischen 1956 und 1966, entwickelt und perfektioniert hat. Jede Menge Nostalgie ist am Platze, wenn man an diese kurze Ära zurückdenkt und sich an Kennedy, Chruschtschow und Johannes XXIII. erinnert, in denen sich all der Optimismus und die liberale Vernunft jener Jahre verkörperten — Gott, waren das schöne Zeiten!

Aber dann, so von 1967 an, als sich die große Interdependenz-Maschinerie gerade in besonders eindrucksvoller Weise und mit zunehmender Geschwindigkeit in Richtung Fortschritt bewegte, traten unerwartete erste Störungen auf. Da und dort brannten Sicherungen durch, fraß sich ein Kolben fest, ließ sich eine Kupplung nicht schalten, versagten Stabilisatoren, klemmte die Lenkung und — vor allem — zogen die Bremsen nicht, konnten auch nicht ziehen, denn man hatte vergessen, sie einzubauen. Die Maschine geriet außer Kontrolle.

Und so wuchs sich ein eher peinlicher als wirklich wichtiger Nebenkrieg in Südostasien zu einem Weltskandal aus, der eine Großmacht demoralisierte und lähmte. Johannes XXIII. starb, Chruschtschow wurde verabschiedet, Kennedy erschossen — und die Hoffnungen auf ein liberales Neuchristentum, eine liberale Konvergenz von Ost und West und die Verantwortlichkeit aller für alle, sie platzten wie Seifenblasen. Die eben entkolonialisierten Völker machten sich eilfertig daran, die Träume aller Aufklärer von Rousseau bis zu den Neomarxisten zu dementieren, daß ein befreiter Mensch auch ein halbwegs guter und vernünftiger Mensch sei: gut zwei Drittel der sogenannten Dritten Welt verfielen alsbald in ein Chaos, das offensichtlich durch nichts mehr gesteuert werden kann als durch die Grausamkeit der Natur, nämlich durch Hunger und Tod.

Etliche wichtige Prognosen — wichtig, weil das Interdependenz-System teilweise auf solchen Prognosen gründet — erwiesen sich als falsch: der große „Grüne Plan", der die Ernährung von Hunderten von Millionen sichern sollte, scheiterte nach einigen Anfangserfolgen, weil die Natur von ihm offenbar überfordert worden war; hingegen vermehrte sich die Menschheit weit über die prognostizierten Zahlen hinaus. In den Industriestaaten allerdings wuchsen Produktion und Einkommen planmäßig — nur waren die Probleme nicht vorauszusehen gewesen, die da von einem gewissen Punkt an auftauchten und zu wahrhaft dämonischen Bedrohungen emporwuchsen: Die Verwüstung der Umwelt; die Erschöpfung der eigenen Energiequellen; und, vielleicht am schlimmsten von allen: der rasche Zerfall gewohnter Ordnungen, der begleitet wurde und wird von einem monströsen Irrationalismus. Lehrreich und zum Erstaunen ist es, die 1967 erschienene Prognosen-Sammlung „The Jear 2000" — deutsch im Molden-Verlag unter dem Titel „Ihr werdet es erleben" — noch einmal zu lesen. Dieses seinerzeit ziemlich viel und meist positiv diskutierte Buch enthält etliche hundert „Szenarios" möglicher Zukunften — und siehe da, schon sieben, acht Jahre später war kaum ein Teilabschnitt auch nur eines einzigen dieser Szenarios noch gültig: Umweltproblematik war damals, 1967, noch ein unbekanntes Wort; die Möglichkeit der Rohstoffverknappung wird nur am Rande und in der sicheren Erwartung erwähnt, daß eine immer weiter fortschreitende Technologie rechtzeitig Ersatz schaffen werde; eine Energiekrise stand offenbar nicht im Bereich des Vorstellbaren.

Es funktionierte also dies und das nicht in der Großen Interdependenz-Maschine und infolgedessen funktionierte sie im ganzen auch nicht mehr — oder, noch schlimmer: da nun einmal alles mit allem zusammenhing, entwickelte sich aus jeder Störung eine Kette weiterer Störungen. Ein russischer Planungsbeamter setzt einen falschen Aussaat-Termin fest, eine sibirische Getreide-Ernte versagt, woraufhin amerikanisches Getreide statt nach Indien nach Rußland verschifft wird, was zur Folge hat, daß eine unbekannte Zahl von Indern verhungern muß und die Mehlpreise in den USA steigen; irgendwo in Südamerika putschen Offiziere, was unter anderem dazu führt, daß in Frankfurt die Straßenbahnen stillgelegt werden, was möglicherweise dazu beiträgt, daß eine regierende Partei die nächsten Wahlen verliert; einige Wüstenfürste verdreifachen die Ölpreise und — nun, jeder weiß, was das für Folgen hat!

Jetzt erleben wir also den Zusammenbruch des globalen Interdependenz-Systems — oder vielmehr, wir erleben die negative Interdependenz: Jedes Malheur, es mag passieren, wo es will, trifft alle und alles.

Läßt sich dieser Zusammenbruch in letzter Sekunde aufhalten? Lassen sich seine schlimmsten Folgen verhüten?

Ja, sagen die Politiker, man kann es — aber nur auf globaler Basis, nur in weltweitem Zusammenhang: ein Weltwährungsrat wird gebildet, ein Weltenergierat, eine Welternährungskonferenz einberufen, eine Weltwirtschaftsorganisation gebildet, denn alles hängt von allem ab, wie im Guten so auch im Bösen — und also können, wenn die

Interdependenz versagt, neue Interdependenzen die Lage verbessern.

Der Teufel soll also wieder einmal mit dem Beelzebub ausgetrieben werden — ein Rezept, das schon deswegen niemals Heilung bringen kann, weil es, wie seine Ingredienzien beweisen, ein teuflisches Rezept ist.

Hoffen wir dennoch, daß das System nicht gänzlich zusammenbricht, sondern uns wenigstens Teile unseres Wohlstandes und Wohllebens bewahrt.

Der gesunde Menschenverstand aber (der freilich im Laufe der letzten Jahre auch ein bißchen unter die Räder der Abhängigkeitsmaschine geraten ist) sagt uns, daß wir uns besser nicht darauf verlassen sollten — auf das Gute zu hoffen und zugleich auf das Schlimmste vorbereitet zu sein, das ist eine in jeder Lage vorzügliche Maxime.

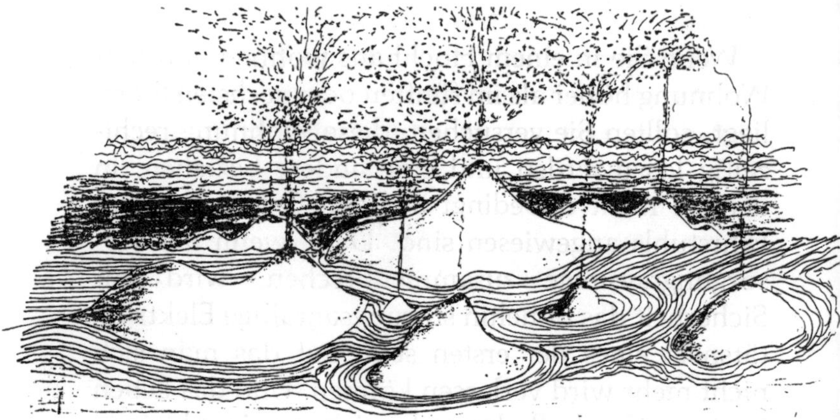

Einige praktische und theoretische Überlegungen zum Verhalten vor und nach dem Weltuntergang

Nachteile von Hochhäusern

Wenn Sie in einem Hochhaus wohnen und Ihre Wohnung höher als im fünften oder sechsten Stock liegt, sollten Sie versuchen, diese Wohnung rechtzeitig loszuwerden und eine andere beziehen, in der Sie nicht unbedingt auf den Gebrauch eines Fahrstuhls angewiesen sind. Denn wenn die Versorgungssysteme zusammenbrechen, wird mit Sicherheit das ohnehin störungsanfällige Elektrizitätsnetz eines der ersten sein, auf das man sich nicht mehr wird verlassen können. Und das Leben in einem Geschoß, dessen Erreichung einer kleinen Bergtour gleichkommt, wird mühsam sein.

Einziger Vorteil von Hochhäusern

Andererseits sollten Sie bedenken, daß eben diese Höhe einen gewissen Schutz bietet; Kriminelle neigen ebenso zur Bequemlichkeit wie andere Leute und werden darauf verzichten, sich übermäßig weit von einem möglichen Fluchtweg zu entfernen. Auch sind so hohe Stockwerke allenfalls leicht zu verteidigen, vor allem, wenn man die Enge ihrer Stiegenhäuser bedenkt. (Daß diese Behauptungen eine gewisse Wahrscheinlichkeit für sich haben, lehrt die Erfahrung aus den Frühlingstagen 1945, als die russischen Marodeure in die Großstädte eindrangen: Selten wagte sich damals ein Plünderer über das zweite Stockwerk hinaus.)

Die Entscheidung, ob Sie den Weltuntergang in einer solchen hochgelegenen Wohnung erwarten sollen oder nicht, hängt also sehr wesentlich von Ihrer voraussichtlichen Kondition und Ihrem spezifischen Sicherheitsbedürfnis ab, ferner von der Möglichkeit, allenfalls mit Ihren nächsten Nachbarn kooperieren zu können.

Problem Wasserversorgung

Die Erfahrungen des letzten Krieges — auf den man sich in diesem Zusammenhang wohl berufen darf — zeigen, daß die Wasserversorgung im großen und ganzen auch dann nicht gänzlich versagte, als die Städte selbst schon nahezu total zerstört waren; irgendwo und irgendwie konnte man sich wenigstens die notwendigsten Wassermengen ja doch verschaffen, und sei es, indem man seit Jahrhunderten nicht mehr benützte Haus- und Hofbrunnen wieder aufschloß; wie viele Leute in den Tagen vor und nach dem Ende des Zweiten Weltkrieges auch verhungert sein mögen — verdurstet ist keiner.

Dennoch sollte man auch diesem Punkt einige Überlegungen widmen, denn sicherlich ist die Wasserversorgungslage auch nicht mehr das, was sie einmal war. Es sind in den letzten Jahrzehnten viele städtische oder halbstädtische Besiedlungsgebiete entstanden, in denen Trinkwasser schon jetzt rar zu werden beginnt. Zwar wird im Untergangsfall der Wasserverbrauch schlagartig zurückgehen, weil der große Wasserkonsument Industrie ganz oder teilweise ausfällt, aber andere Faktoren kommen ins Spiel: die wasserversorgenden Systeme — Pumpwerke, Leitungsnetze usw. — arbeiten nicht wie die Überlandleitungen früherer Zeiten unabhängig von anderen Systemen, sondern bedürfen anderer Energie — etwa des Stroms —, um funktionieren zu können, sind also von Systemen und Apparaten abhängig, die möglicherweise nicht oder nur gestört funktionieren werden. Wer je mit einer der normalen Hauswasserpumpen zu tun hatte, weiß, was unter Umständen ein auch nur kurzer Stromausfall an Komplikationen nach sich ziehen kann.

Man stelle sich vor, worin ein solches ärgerliches Malheur mündet, wenn es sich millionenfach und gleichzeitig ereignet: in eine Katastrophe.

Nur mit Schaudern mag man sich die Tragikomödie vorstellen, die sich in einem Hochhaus abspielt, wenn dort ein paar Tage lang kein Wasser durch die Röhren fließt. Und ich möchte nicht wissen, wieviele Bauern den Tag verfluchen werden, an dem sie die alte Handpumpe weggeworfen, die so mühsam zu bedienen, aber so zuverlässig war — zuverlässiger jedenfalls als die elektrische oder selbst die Motorpumpe. Natürlich wird es am Lande leichter sein, solche Ausfallsprobleme zu meistern — aber nicht überall; denn in vielen Gebieten ist der Grundwasserspiegel so tief gesunken, daß die Wasserförderung mit einfachen Mitteln schwierig sein wird. Und 48 Stunden ohne Wasser genügen, um den gesündesten Viehbestand umzubringen.

Es wird sich also empfehlen, bei der Planung kommender Lebensjahrzehnte auch der Wasserfrage Aufmerksamkeit zu schenken.

Problem Abfallbeseitigung

Verallgemeinernd ist zu sagen, daß das Wohnen in großen Wohneinheiten, wie sie von einer irrsinnig gewordenen Architektur in den letzten zwei Jahrzehnten forciert (um nicht zu sagen: erzwungen) wurde, äußerst kompliziert, wo nicht gar unmöglich sein wird. Denn diese Wohnblocks und ganzen Satellitenstädte sind in vieler Hinsicht Modelle jener gefährlichen Interdependenz, von der bereits die Rede war: vielfach von einem Fernheizwerk oder einer Zentralheizung abhängig, sind die Wohnungen kaum, schwer oder überhaupt nicht beheizbar; gelegentlich sind nicht einmal mehr Kamine mitgebaut worden. Ähnlich zentralgesteuert sind die Aufzüge, die Strom- und Wasserversorgung, die Abwässerbeseitigung, die Müllbeseitigung, und so weiter.

Die rapide Umstellung vom Selbstversorger- zum Kollektivversorgungsprinzip, die sich in den letzten Jahren vor allem in den Städten abgespielt hat, ist sicherlich logisch und für die Hausfrauen ein Segen gewesen. Es fragt sich aber, ob dieser Trend zur Kollektivversorgung nicht das vernünftige Maß längst überschritten und uns die natürlichen Fluchtausgänge verschlossen hat, die man im Notfall bis vor kurzem zur Hand gehabt hat: Das Müllproblem wurde nicht zuletzt deshalb so ärgerlich, weil nicht mehr wie früher ein großer Teil des Haushaltsabfalls in den Ofen wandert; die Trinkwasserprobleme stehen in engem Zusammenhang mit der steigenden Zahl der Wasch-, Geschirrspül- und anderer wasserverarbeitenden Haushaltsmaschinen. Und so weiter.

Wer einmal zur Zeit eines Müllabfuhrstreiks in Rom gewesen ist oder mitten im Winter einer Zentralheizungsreparatur ausgesetzt war, der mag einen schwachen Vorgeschmack dessen empfinden, was eine Satellitenstadt oder einen großen Wohnblock erwartet, wenn diese Zentralsteuerungen ernsthaft versagen, wirklich ausfallen oder — was denkbar ist — absichtlich gestört werden sollten; man braucht nicht viel Vorstellungsgabe, um gräßliche Bilder vor seinem Auge zu sehen.

Also sollte man sich rechtzeitig die weiteren Fragen stellen:

Wie werde ich mir im Winter Wärme verschaffen können?

Wie werde ich meine Abfälle los — einschließlich jener, die normalerweise durch die Toilette weggespült werden?

Immerhin, der Mensch ist ein ungeheuer anpassungsfähiges Wesen und wird, selbstverständlich, in der Lage sein, diese Alltagsschwierigkeiten zu meistern — jeder, der vor 1938 geboren ist, weiß aus eigener Erfahrung, daß man in unglaublich kurzer Frist seinen Lebensstandard und Lebensrhythmus an Umweltverschlechterungen selbst apokalyptischen Ausmasses anpassen kann; und wer's nicht selbst erfahren hat, sollte sichs, sofern er ein brauchbares Gehirn hat, von den Älteren erzählen lassen, mit welchen Mittelchen und Kniffen der Selbstversorgung sie den letzten Untergang überstanden haben (nämlich von 1944—1947; ein

Untergang, der freilich den Vorzug hatte, eine Menge Hoffnungen auf eine relativ bald eintretende Verbesserung der Situation zu erlauben).

Und also wird sich der Mensch, wenn auch diesmal aus größerer Höhe herabstürzend als damals, vom Kollektivversorgten zum Selbstversorger wandeln können.

Es erweist sich unter solchem Gesichtspunkt nicht nur, wie potentiell gefährdet unsere Zivilisation, sondern auch wie wenig bedeutend, ja eigentlich akzidentiell sie ist. Trotz ihres immensen Aufwandes hat sie das Leben zwar bequemer, nicht aber sicherer gemacht, geschweige denn im Bereich des Existentiellen verändert. Das mag ein tröstlicher Gedanke sein oder ein deprimierender, je nach dem Standort des Betrachters.

Daher meinen wir aber auch, daß die technischen Opfer, die der nächste Untergang mit sich bringt, zu ertragen sein dürften, weil sie ja nicht mehr sein werden, als Verluste an eigentlich Unwichtigem.

Ordnungszerfall

Ordnung, welchen Stils immer, ist keine unabhängige Größe, nichts, das für sich und aus sich selbst bestehen kann, sondern stets Funktion eines anderen, höheren Prinzips. Es sind „der" Staat, „die" Nation, „die" Religion, eine Ideologie, der Glaube an eine höhere Macht oder sonst eine Idee, die durch die Produktion von Gesetzen Ordnungen herstellen — unter Umständen eine düstere, bedrückende Ordnung, aber immerhin eine Ordnung.

Ordnung also bedarf einer allgemeinen Zustimmung zu gewissen grundsätzlichen Prinzipien (selbst wenn es sich um eine totalitäre Ordnung handelt).

Die Folterknechte der Inquisition stimmten mit ihren Opfern überein, daß Gott in der Höhe geehrt werden müsse, und wenn's mittels glühender Zangen geschehen sollte; der Bolschewismus konnte auf die allgemeine Überzeugung setzen, daß man Zaren und Gutsherren beseitigen müsse, um die Völker zu befreien; Hitler baute seinen Nationalsozialismus auf der auch von seinen Gegnern nicht bestrittenen Annahme auf, daß das deutsche Volk die hervorragendste Erfindung der Schöpfung sei; und so weiter.

Diese breiten Prinzipienbasen aber, auf denen sich einmal Ordnung errichten ließ, sind im Lauf der jüngsten Vergangenheit zerstört worden, abgebröckelt, verschwunden. In den Zivilisationsländern ist wohl nur noch eine Minderheit überzeugt davon, daß Gott in die Geschicke der Welt eingreift, daß das eigene Volk höheren Wert besitzt als ein anderes — und vermutlich wird sich selbst in den östlichen Groß- und Kleindiktaturen kein begeisterter Konsens darüber herstellen lassen, daß das eigene System das allein seligmachende sei.

Natürlich wird es weiterhin kleinere oder größere Gruppen geben, die jenen Prinzipien in guten wie in bösen Tagen die Treue halten werden; es werden Menschen weiterhin das Wort Gottes verkünden oder leben, die Treue zum Stamm, zum Volk, zur Klasse pflegen und den diesbezüglichen Konsens darüber mit anderen suchen. Aber es ist unwahrscheinlich, daß sie je wieder eine über diese

Gruppen hinausreichende Übereinstimmung erreichen werden.

Weit und breit ist kein Begriff zu sehen, der größeren Gesellschaften einen Grund zu gemeinsamem Denken, Fühlen und Wollen geben könnte. Im Namen Gottes, des Volkes, eines Führers, des Vaterlandes und so weiter läßt sich keine verbindliche Ordnung mehr herstellen. Und die Begriffe, die als Ersatz angeboten werden, bewirken Übereinstimmung höchstens hinsichtlich der Verwirrung, die sie hervorrufen oder verstärken. Weder die diversen Sozialismus-Sorten noch die verschiedenen Selbstverwirklichungs- und Emanzipations-Ideologien, weder die Verkünder außerirdischer Wirklichkeiten noch die Apostel übersinnlicher Erfahrungen, weder die Fortschrittsgläubigen noch die Rückschrittspropheten vermögen einen allumfassenden Lebenssinn zu stiften, eine allgemeine Lebensgrundlage zu bieten.

In dieser Situation des Ordnungsverfalls, der Zersplitterung des größeren Daseinszusammenhangs in viele kleine Ersatzsysteme, die alle an ein eigenes höchstes Prinzip glauben, gibt es eigentlich nur einen, der einen Fluchtweg aus diesem Labyrinth weisen könnte: nämlich den wahrhaft liberalen Menschen.

Sisyphos und der Liberale

Der Liberale glaubt nicht gern, was allgemein geglaubt wird; vor allem glaubt er nicht an Endgültigkeiten: nicht an das unveränderliche Athen, nicht an den endgültigen Gottesstaat, den absoluten Monarchismus oder ein anderes Paradies auf Erden.

Wir erleben daher eben jetzt, daß sich der Liberale achselzuckend auch von allen Spielarten des Sozialismus abwendet; denn der ist zwar auch eines von den vielen Kindern, denen der Liberalismus Geburts- und Weghilfe geleistet hat, erreicht aber nun halt auch die gewisse Überreife, in der er jene Endgültigkeitsansprüche erhebt, die dem Liberalen zutiefst suspekt sind.

Daß der Liberale stets und leicht in den Verruf der Charakterlosigkeit kommt, ist nicht verwunderlich; denn er tut ja wirklich all das nicht, was die gläubigen Gerechten jeglicher Couleur von ihm fordern:

Er schließt sich schneller aus als an.

Er springt gerne von fahrenden Zügen ab.

Er verläßt oft sinkende Schiffe leichten Herzens, weil ihm Vernunftgefühl im allgemeinen über alles geht. Wozu taugen sinkende Schiffe schließlich schon? Sie fahren nun einmal in die falsche Richtung.

Er hängt auch gerne seinen Mantel in den Wind; jedoch muß man ihm zugutehalten, daß er selbst daran nichts Schlimmes findet und ein im Wind flatternder Mantel seinen ursprünglichen Zweck, nämlich den des Wärmens, ja nicht erfüllt.

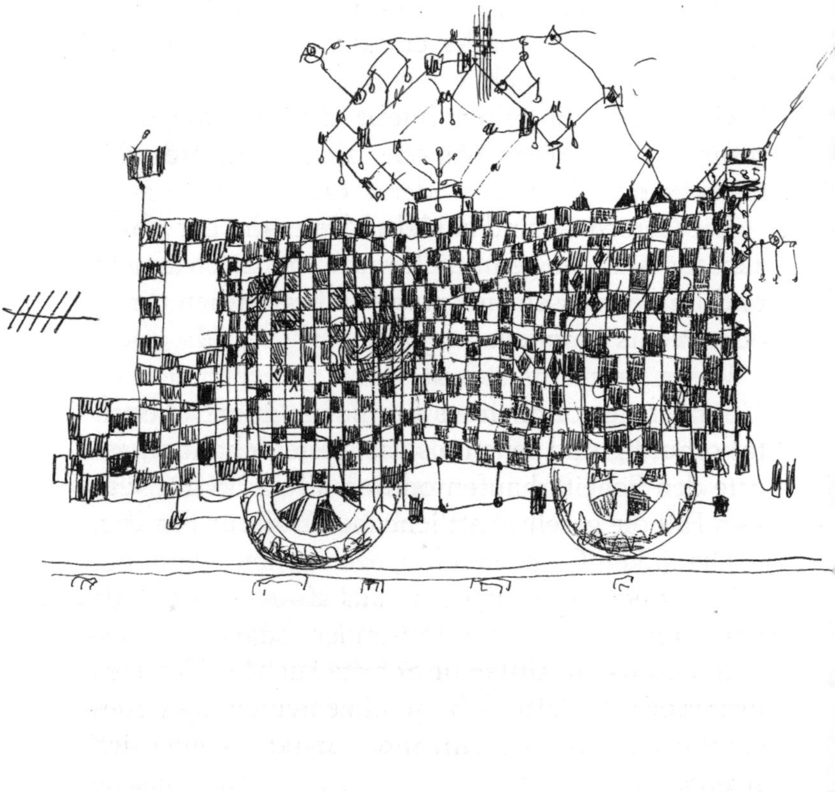

Er bezieht gerade jene Stellungen, die man ihm offeriert, normalerweise nicht besonders gern. Und wenn er es doch tut, dann kann man sich nicht darauf verlassen, daß er in dieser Position auch stehenbleibt und nicht unvermutet in die eine oder andere Richtung ausbricht.

Der Liberale zählt nicht zu jenen, deren Rede Ja oder Nein lautet, sondern zu den anderen, die lieber „Sowohl als auch" oder „Eigentlich" oder „Vielleicht" sagen. Er gehört somit zu den Lauen, die prompt ausgespieen werden aus dem Munde der Gerechten.

Die Gerechten sind natürlich immer in der Überzahl. Es ist ihnen gemütlich warm in ihren Mänteln und immer wissen sie genau, wo sie stehen: links oder rechts nämlich.

Wenn sie rechts stehen, dann sprechen sie den Liberalen gewöhnlich wegen mangelnder Solidarität schuldig und sehen als geeignete Behandlungsorte den Scheiterhaufen oder das KZ, im günstigsten Fall die gesellschaftliche Isolation für ihn vor.

Die linken Gerechten hingegen gehen dem Liberalen in der Regel lieber zunächst an die Ehre als ans Leben. Das „Scheißliberaler!", das die deutschen Neo-Sozialisten ihm nachrufen, wird ihm unvergeßlich bleiben. Im schlimmeren Fall stecken sie ihn freilich — nicht ohne Logik! — auch ins Irrenhaus.

Mit einem Wort: den Gerechten macht's der Liberale immer falsch, mögen die Gerechten da oder dort stehen.

Und dennoch: Ohne den Liberalen geht es nicht. Zwischen den Sesseln sitzend ist er es, der zwischen Links und Rechts, zwischen Oben und Unten, zwischen Hinten und Vorn die Kommunikation herstellt. Ohne ihn, der manchmal bremsend und manchmal beschleunigend einzugreifen versucht, gäbe es am Ende nur Katastrophen. Die gibt es auch trotz ihm, aber es gäbe mehr, gäbe es ihn nicht.

Die besondere Schwierigkeit einer liberalen Existenz ergibt sich aus ihrer Vereinsamung. Der Liberale ist natürlicherweise ein Individualist, ein Einzelner, der nur selten und nur vorübergehend von einer Gruppe, einem Kollektiv gestützt wird. Das setzt seiner Wirkungsmöglichkeit Grenzen. Eine weitere Schwierigkeit ergibt sich für ihn insofern, als er seine eigene Stellung nur schwer definieren kann. Er kann sich selbst ja nur ex negatione definieren, das heißt: er kann sich selbst ja eigentlich nur durch das beschreiben, was er — gemessen an den Ideologen — *nicht* ist. Wenn er sozialen Kontakt sucht oder pflegt, wenn er sich politisch oder gesellschaftlich betätigt, tut er es wenigstens unter dem Gesetz des kleineren Übels oder der verhältnismäßig größeren Chance zur Liberalität hin. Er ist gezwungen, zu relativieren — aber er tut's gern, denn er fühlt, daß in der Relativierung Freiheit steckt; in der Relativierung findet er die Luft, die er zum Atmen braucht.

Hier natürlich liegt die Gefahr, die ihn bedroht, die Gefahr, zum reinen Pragmatiker oder zum reinen Technologen zu werden, der sich ohne weitere Bedenken irgendeiner Ideologie als Vehikel zur Erreichung etwelcher Ziele bedient. Sicherlich geben sich viele solcher Pragmatiker als Liberale aus, wahrscheinlich auch ist so mancher Liberaler, ohne es recht zu wissen, schlicht und einfach nicht mehr als ein bloßer Pragmatiker, der mit dem Liberalen eigentlich nur die innere Ideologiefreiheit gemein hat. Machiavelli würde sich heute vielleicht als Liberaler sehen.

Die Entscheidung ist zu treffen am Maße des Engagements, das der Liberale eingeht. Das Wort „Engagement" klingt in diesem Zusammenhang vielleicht überraschend, denn Kennzeichen des Liberalen ist es doch offenbar, daß er ja gerade das ablehnt, was Ideologen jeder Art verlangen — nämlich: das Engagement. Außerdem: Er glaubt ja nicht an absolute Wahrheiten — woraus ergibt sich dann also für ihn die Möglichkeit, überhaupt einen Standpunkt, ein Engagement innerhalb der Gesellschaft, zwischen den Fronten der Ideologen, einzunehmen?

Die Antwort lautet: Der Liberale glaubt nicht an Wahrheiten, aber er glaubt an Werte: an die Würde des Menschen, an seine Freiheit, seine Entwicklungsfähigkeit, er glaubt an Toleranz, Güte und die Möglichkeit einer Solidarisierung mit dem Menschlichen schlechthin. Er leitet diese Kategorien freilich nicht von irgendeinem Absolutum her, sondern begreift sie einfach als Notwendigkeiten, die ein gesellschaftliches Leben überhaupt erst möglich machen.

Insofern teilt er den Optimismus der Linken, weshalb er dann auch von den Rechten des öfteren verteufelt wird. Allerdings teilt er mit den Rechten die Überzeugung, daß diese Werte nur auf dem Wege der langsamen Evolution geschaffen und vermehrt werden können. Wofür ihm dann wiederum die Linken die Grube bereiten.

Er ist also zumindest auf lange Sicht hin gemäßigter Optimist und überzeugter Evolutionist. Für ihn ist „das Wort" nicht am Anfang, sondern am Ende zu suchen. Seine Sache ist es, Ordnungen zu erträumen, zu erfinden und zu erproben. Seine Aufgabe ist es, als Einzelner jenes Gefecht mit dem Chaos zu führen, bei dem es keinen Waffenstillstand gibt und in dem ihm als einziger Trost gegeben ist: „Wo aber Gefahr ist, wächst das Rettende auch" — ein Hölderlin-Zitat und ein hübscher, wenn auch nicht eben verläßlicher Rat.

Für den Liberalen steht am Anfang das Chaos, am Ende der Sinn. Er bekennt sich nach Goethe zu dem Geschlecht, das aus dem Dunklen in das Helle strebt. Sein mythisches Vorbild, seine Symbolfigur ist Sisyphos, der unermüdlich seinen Stein den Berg hinaufrollt.

Ich nehme an, daß Sisyphos sich trotz aller Götterflüche von dieser Arbeit ja doch eines Tages abwenden würde, wenn er nicht die Hoffnung hätte, den Stein doch einmal auf den Gipfel hinaufwälzen zu können.

Die Endzeit-Katastrophe

Die folgenden Behauptungen sind axiomatisch und subjektiv, weil sie nur durch Analogiebeispiele gestützt werden können (solche gibt es freilich in ausreichender Zahl). Also wird es sich empfehlen, diese Studie als feuilletonistisches Modell einer Zukunftsmöglichkeit zu lesen. Der Autor wird sich freuen, wenn er nicht recht hat.

Es fällt auf, daß die Energiekrise von der Öffentlichkeit eigentlich trotz ihres plötzlichen Auftretens nicht als wirklich überraschend empfunden worden ist. Reaktionen wie „. . . war ja zu erwarten!" oder „Kein Wunder, daß es so gekommen ist!" dürfen wohl als typisch gelten.

Es ist immerhin verblüffend, daß schon der geringste Verdacht auf mögliche Verknappungserscheinungen genügte, um Hamsterkäufe auszulösen — in einer Gesellschaft, die seit einem Vierteljahrhundert auf Überfluß konditioniert ist. Eine winzige ZiB-Meldung über die Bombardierung des Ölhafens Latakia genügte, um die erste Hamsterwelle in Gang zu setzen. Solche und ähnliche Reaktionen sind nur durch die Annahme erklärbar, daß das kollektive Unterbewußtsein schon längst von einem Gefühl tiefer Unsicherheit erfaßt war.

Die letzten zwei Jahrzehnte sind gekennzeichnet durch zahlreiche Tabu-Brüche: Sexwelle, § 144, Askese-Verwerfung etc. Solche Demontagen starker gesellschaftlicher Tabus — sowie die damit verbundene, meist kurzfristige Euphorie kulturtragender Schichten — sind typisch für die letzten Phasen vor großen geschichtlichen Zäsuren. In solchen Zusammenhängen gewinnt auch die Homosexualität regelmäßig Relevanz. (Dies alles ist wertfrei, rein symptomatologisch gemeint. Solche Tabu-Brüche sind nicht Ursache, sondern Symptome entscheidender Veränderungen.)

Möglicherweise sind auch Energiekrisen oder andere wirtschaftliche Ausfallserscheinungen eher als Symptome denn als Ursachen zu verstehen: Rom ging nicht zugrunde, weil die ägyptischen Getreidelieferungen ausblieben, sondern die ägyptischen Getreidelieferungen blieben aus, weil Rom schon am Ende war.

Es könnte sein, daß wir die radikalen Randerscheinungen des politischen Alltags — vor allem das sogenannte Extremlinke — insofern falsch bewertet haben, als sie ihrem Wesen nach gar nicht politisch, sondern quasi-religiös, d. h. irrational sind. So kann man ohne weiteres jene, die da Tabula rasa machen möchten, als chiliastische Sektierergruppen verstehen. Die Vision einer alles umkrempelnden Total-Revolution als Voraussetzung eines neuen Paradieses ist Leitmerkmal noch jedes Chiliasmus gewesen (und hat mit Politik im Wortsinn gar nichts zu tun). Man darf vermuten, daß sehr vieles, was man bisher unter dem Titel „Protest“ subsumiert hat, de facto eher pseudopolitisch verbrämte Endzeit-Furcht oder Endzeit-Hoffnung ist.

Auch die a prioristische Ablehnung jedes Über-Ordnungsprinzips (Staat, Volk, Nation, Heimat, Vaterland etc.) hat ausgesprochen chiliastischen Charakter. Vorstellungen oder Einbildungen der Art, daß Autorität etwas Teuflisches oder der Staat die sündhafte Entartungsform einer sündig gewor-

denen Gesellschaft sei, oder daß die Abwendung von beiden gleichsam die verlorene Unschuld wieder herstelle, sind ihrem Wesen nach religiös determiniert. Und ebenfalls sichere Kennzeichen des Chiliasmus, d. h. der Endzeit-Erwartung.

Die zeitgenössische Kunst weist gleichfalls viele Signifikanzen einer Endzeit-Stimmung auf. Hochgezüchteter Manierismus und (zugleich) Eindringen von als pikant empfundenen Brutalismen oder Barbarismen sind sehr bezeichnend z. B. für die Szene vor Ausbruch des Dreißigjährigen Krieges, des spätrömischen Hellenismus etc.

Da Über-Ordnungen nicht mehr anerkannt sind, werden auch die von ihnen abgeleiteten Sicherheitsmechanismen der Zivilisation zunehmend störungsanfälliger. Diplomatenentführungen, politische Geiselnahme und Erpressung werden zu Mitteln der Politik oder vielmehr: sie beginnen, die Politik zu ersetzen.

Der obige Satz gilt vorderhand noch hauptsächlich für die Randgebiete der westlichen Welt. In den Industriegesellschaften übt der Wegfall der Über-Ordnungen andere Wirkungen aus: da Regierungen sich zunehmend auf nichts anderes berufen können (oder wollen) als auf sich selbst bzw. auf ihre legitime Entstehung, sehen sie sich zunehmend gezwungen, Entscheidungen auszuweichen (da sie ja nicht im Namen eines Prinzips getroffen werden können) und statt Taten administrative Maßnahmen zu setzen.

Das Fehlen der Über-Ordnung hat zu dem jedem Liberalen willkommenen Pluralismus der fünfziger und frühen sechziger Jahre geführt. Bedauerlicherweise scheint aber Pluralismus nur ein vorübergehender und labiler Zustand zu sein. Im Augenblick erleben wir auf allen Gebieten, wie dieser Pluralismus zur Polarisation gerinnt: innerhalb der Gesellschaften bilden sich mit erschreckender Geschwindigkeit neue und zunächst unüberwindbar scheinende Gegensätze heraus.

Der Zerfall relativ geschlossener Gesellschaften in einzelne Lager, denen die verbindliche Sprache fehlt, deutet gleichfalls auf Veränderungen großen Umfangs. Geschichtliche Analogie-Beispiele liegen auf der Hand.

Die Liste diesbezüglicher Symptome ließe sich reichlich vermehren. Sie dürfte aber als Beleg dafür genügen, daß die Stimmungslage (wenigstens in der westlichen Welt) insofern katastrophal ist, als sie eine Groß-Katastrophe nicht mehr ausschließt, sondern nachgerade zu erwarten beginnt.

Wenn eine Katastrophe (der potentielle Chiliast würde sagen: die Katastrophe) kommt, wird sie als wirtschaftliche Katastrophe beginnen, sei es, daß plötzlich ein Rohstoff ausfällt oder in nicht zu verkraftendem Ausmaß teurer wird (die Öl-Affäre zeigt ja, welche Varianten und Kombinationen da möglich sind). Die fatale Interdependenz der Welt-Ökonomie wird — auch das hat sich gezeigt — ihre rapide Ausdehnung bewirken („Domino-Effekt" oder „Flächenbrand").

Zwischenbemerkung: „Mein Garten muß so groß sein, daß ich mir meine Erdäpfel selber anbauen kann", sagte meine Sekretärin, als sie kündigte, um sich auf dem Land ein (vermutlich landschaftszersiedelndes) Häusl zu bauen. Ist die große Siedlungswelle der letzten zehn Jahre nicht unter anderem darauf zurückzuführen, daß sich der Einzelne unbewußt aus der fatalen Interdependenz der Globalwirtschaft herauslösen und autark machen will?

Ist die Modeerscheinung des „Survival-looks", den die junge Generation pflegt, ein (durch eine innere „biologische Uhr" provoziertes) Symptom neuer, schon auf andere Lebensbedingungen eingestellter Verhaltensweisen? Wären nicht wiederum gewisse, bisher nur als „Protesthandlungen" verstandene Bestrebungen (z. B. Konsum-Verzicht, Kommunen-Experimente u. ä.) gleichfalls unter diesem Aspekt erklärlicher als bisher?

Die bisherigen Feststellungen waren axiomatisch und subjektiv, aber dennoch — und sei's nur per analogiam — belegbar. Was jetzt kommt, ist pure Spekulation oder, wenn man so will, ein Tag-Albtraum: die Prognose einer (der) kommenden Katastrophe. Es wird mir nichts ausmachen, wenn man sie für falsch hält, und ich werde froh sein, wenn sie falsch ist. Wahrscheinlich ist sie es auch — aber da befinde ich mich in Anbetracht dessen, daß z. B. nicht ein einziger Wirtschaftsfachmann das vorausgesehen hat, was bereits geschehen ist, eigentlich in guter Gesellschaft.

Phase 1: Die Erdölkrise (vielleicht nicht diese, sondern die nächste, und vielleicht nicht der Mangel an Öl, sondern seine Verteuerung) bewirkt eine Baisse der Autoindustrie der BRD und Italiens. Ähnlich betroffen sind Textilwerke, pharmazeutische Industrien usw. Zugleich treten Engpässe oder Verteuerungen bei anderen Rohstoffen — Kupfer, Zinn etc. — auf. Die Konsumenten reagieren uneinheitlich und, aufs Ganze bezogen, alogisch:

Sie weigern sich, gewisse Produkte (z. B. Autos) zu kaufen und hamstern andere (Lebensmittel, langlebige Gebrauchsgüter). Dadurch geraten die nationalen oder kontinentalen Binnen-Interdependenzen aus der Balance.

Phase 2: Die Regierungen versuchen, gegenzusteuern. Dirigistische Maßnahmen nehmen punktuelle Korrekturen vor, die das Interdependenz-System noch mehr verwirren. Zugleich verschlechtern sie die ohnehin schon chiliastisch verstörte öffentliche Moral noch mehr.

Phase 3: Millionen von Gastarbeitern werden in ihre ohnehin schon von Arbeitslosigkeit und anderen innenpolitischen Konflikten verunsicherten Heimatländer zurückgeschickt und verschärfen dort die Situation. Zugleich stellt sich heraus, daß die Abwanderung der Gastarbeiter eine nur scheinbare und bestenfalls vorübergehende Erleichterung der Gastgeber-Wirtschaft mit sich bringt. Die Einheimischen können oder wollen die von den Fremden bisher verübten Arbeiten zunächst nicht übernehmen. Das nur mehr schlecht funktionierende Versorgungssystem — in dem an den unerwartetsten Stellen plötzliche Lücken auftreten — findet seine Ergänzung in einem zusammenbrechenden Dienstleistungs- und Verteilungssystem.

Phase 4: Die Überflußwirtschaft beginnt sich überraschend schnell in eine Mangelwirtschaft zu verwandeln. Bauwirtschaft und Fremdenverkehr sind bereits zusammengebrochen. Die Investitionsverschuldungen — eingegangen unter dem Gesichtspunkt steigender Wachstumsraten — werfen nun unlösbare Finanzprobleme auf: Die Geld-

wirtschaft gerät gleichfalls in den Zusammenbruch-Sog hinein.

Phase 5 (mit den vorangegangenen Phasen interferierend): An den Rändern der immobil gewordenen westlichen Welt ereignen sich irrationale und unkalkulierbare Dinge — etwa derart, daß irgendwo eine Fanatikergruppe irgendwohin eine Atombombe wirft, daß taiwanesische Fallschirmjäger über Bahrein abspringen oder japanische Marinesoldaten wahlweise in Libyen oder Israel landen. Der Phantasie sind ja da keinerlei Grenzen gesetzt. Diese nicht voraussehbaren Ereignisse werden wiederum die Verwirrung in den Industriestaaten verschärfen und vermehren.

Phase 6: In unserer Welt treten da und dort lokale Ökologie-Zusammenbrüche auf. So könnte man sich vorstellen, daß z. B. in einer westdeutschen Ballungs-Region die Wasser-Versorgung nicht mehr funktioniert, weil Energieausfälle irgendwelche Aggregate außer Funktion setzten oder dergleichen. Solche Zusammenbrüche können gemeistert oder durch Improvisationen halbwegs überbrückt werden, wirken aber zugleich belastend auf die immer noch vorhandenen Interdependenz-Strukturen und führen andererseits zu schweren Interessenskollisionen auf der Ebene der Länder und Kommunen.

Phase 7: Es ist durchaus möglich, daß die ersten Zerfallsphasen in unseren Lebensbereichen von einer gewissen Euphorie begleitet waren, weil der Leistungsdruck wegfiel und sich eine Rückkehr zu besinnlicheren, verinnerlichten Lebensformen anzukündigen schien. Unterdessen ist aber der Druck des wirtschaftlichen Mangels und beginnender Not so stark geworden, daß dieses relative Lustgefühl schnell in Mißmut, Mißtrauen und Aggressivität umschlägt. Unter dem Druck dieser Stimmungen zerfallen die ohnehin schon geschwächten übernationalen Solidaritäts-Systeme; reichere Länder schirmen sich durch Zölle, Importsperren etc. gegeneinander ab.

Phase 8 (interferierend): In den westlichen Randgebieten bricht totales Durcheinander aus, in weiten Gebieten der Dritten Welt apokalyptisches Chaos (Indien, Afrika).

Phase 9: Der Zerfall der supranationalen Beziehungen führt in unserer Welt zum Zusammenbruch des internationalen Kommunikationsnetzes. Man wird die Genocide in Ostasien und Ostafrika nur mehr vage oder gar nicht mehr wahrnehmen. Vielmehr wird man angsterfüllt in die kommunistische Welt starren, die zu diesem Zeitpunkt vermutlich noch über intaktere Systeme verfügen wird: Die Frage, ob diese Systeme gegen den Westen angewandt werden, wird neuerlich zum Damoklesschwert. Der Osten greift jedoch nicht ein — weil er sich nicht der Ansteckung aussetzen will, weil er an den asiatischen Grenzen zu okkupiert ist — oder weil er das Ende der Entwicklung abwarten will. Seine drohende Präsenz trägt aber zur Vermehrung des innerpolitischen Drucks in den westlichen Ländern bei.

Phase 10 (interferierend): Die Industrieländer haben verzweifelte Versuche gemacht, sich durch Erschließung autochthoner Energiequellen aus der Misere zu helfen. Es stellt sich jedoch heraus, daß die Erschließung neuer Energien mehr Energie kostet, als noch vorhanden ist. Die Erkenntnis, daß man auf nicht absehbare Zeit mit keiner wesentlichen Besserung der Verhältnisse rechnen kann, wird zur öffentlichen Meinung.

Phase 11 (interferierend): Selbstverständlich ist im Verlaufe dieser Entwicklung die Forderung nach dem Eingreifen einer regulierenden Autorität immer stärker geworden. Es gibt aber, wie sich herausstellt, keine Autorität mehr, bzw. sind die allenfalls noch vorhandenen gesellschaftlichen Autoritätsstrukturen (Staat, Parteien, Verwaltung, Exekutive etc.) bereits so angeschlagen und verunsichert, daß sie zur Lösung der hydragleichen Problematik nicht mehr tauglich sind.

Phase 12: Also bilden sich autoritäre Substrukturen, die Teile der Macht an sich reißen. Vielleicht erleben die Schutzbünde und Heimwehren der zwanziger Jahre fröhliche Urständ. Vielleicht aber vollzieht sich diese Organisation der Sub-Tyranneien, Klein-Autokratien und Mini-Autarkien auch im Rahmen der noch bestehenden herkömmlichen Gesellschaftsformen; auch eine Kombination beider ist denkbar; so könnte man sich vorstellen, daß in St. Pölten der ÖGB eine Gewerkschaftsrepublik errichtet, während in Melk ein Mönchs-Kirchenstaat und in Mariazell ein Matriarchat ihre Macht entfalten. Damit wäre die Stunde einer anarcho-syndikalistischen Welt gekommen.

Was Österreich betrifft, so wird es auf einer freilich sehr niedrigen Vergleichsebene — unter Umständen — das Schlamassel vielleicht gut überstehen: weil es nicht zu sehr übervölkert ist, die kritischen Ballungsräume nicht allzu groß und immerhin bescheidene Energiereserven vorhanden sind. Es mag auch sein, daß die föderalistischen

Strukturen so intakt bleiben, daß sich der Druck der Verhältnisse elastischer als anderswo verteilt. Denkbar ist auch, daß angeblich typische Nationaleigenschaften (der relativ niedrige Zukunftshoffnungs-Pegelstand, Anpassungs- und Improvisationsfähigkeit) in diesen Zusammenhängen unvermutet konstruktive Bedeutung gewinnen könnten.

Denn der nächste Weltuntergang wird, wenn man's summarisch definiert, die Konsequenz des Zusammenpralls eines chiliastischen Irrationalismus mit einer überperfektionierten Technologie sein.

Das ist eine Situation, die jener Bizarrerie, für die der Österreicher ein gewisses naives Verständnis hat, nicht entbehrt.

Österreichische Übergänge
(1982)

Ich bin aufgefordert, einen Essay aus subjektiver Sicht über Entwicklungen und Tendenzen im politischen Leben unserer Republik vorzutragen. Mit der subjektiven Sicht kann ich dienen, ein subjektiver Essay aber scheint mir ein Widerspruch in sich selbst zu sein. Also wird's wohl eher ein Feuilleton werden: das macht's einem leichter, subjektiv und unvermeidlicherweise auch etwas autobiographisch zu werden.

1924 geboren, bin ich, auch wenn das auf den ersten Blick vielleicht ein bisserl überzogen klingt, durch die miserablen Zustände in der Ersten Republik für mein Leben geprägt worden. Ich erinnere mich an die Schüsse des Februar 1934, an die brüllenden Aufmärsche der Nazis, der Heimwehren, des Schutzbundes; ich erinnere mich an die häufigen Tage, da Polizei oder Bundesheer Maschinengewehre und Spanische Reiter auf den Straßen aufstellten, weil schon wieder ein Putsch in der Luft lag; ich erinnere mich des politischen Zwiespalts, der das Volk eines kleinen Landes in zwei, drei unversöhnliche Lager zerfallen ließ; eines Zwiespalts, der bis tief in die Familien hineinreichte und oft quer durch sie gehend die Generationen voneinander trennte. Und ich habe ein lebenslanges Trauma von der unglaublichen politischen Gehässigkeit davongetragen, die in meiner Gymnasialklasse herrschte, eine Gehässigkeit, die bis zu Gestapo-Denunziationen der Schulkollegen führte, mit denen man in einer Bank zusammensaß.

Daß ich das, obwohl noch ein Kind, acht- bis vierzehnjährig, so stark empfand, hängt sehr wesentlich mit der Person meines Vaters zusammen. Mein Vater war bis 1938 Chefredakteur einer Wiener Tageszeitung, der „Wiener Neuesten Nachrichten", des Blattes der österreichischen Großdeutschen. Diese Partei, ein lange nachwirkendes Relikt der Revolution von 1848, war nicht nur das, was man danach, übrigens nicht sehr genau, „deutschnational" nannte, sie war zugleich auch die liberale Partei der Ersten Republik. Das erwies sich dann als unvereinbar, und als 1934 diese Partei verboten wurde, zerfiel auch ihre Anhängerschaft. Der größere Teil fiel unter dem deutschnationalen Vorzeichen dem Lager der Nazis zu, der kleinere Teil, darunter auch mein Vater, hielt am liberalen Prinzip fest, verabscheute den Nationalsozialismus und schloß angesichts dieser Gefahr eine Art Burgfrieden mit dem christlich-sozialen Ständestaat. Eine der auch mich betreffenden Folgen davon war, daß mein Vater nach dem „Anschluß" von den Nazis ein sogenanntes Berufsverbot erhielt, was natürlich meine Familie in arge Bedrängnis versetzte.

Die politisch-ideologische Situation war für mich, den nun schon Fünfzehn- bis Einundzwanzigjährigen, ziemlich kompliziert. Ich wußte lange nicht recht, wohin ich gehörte. Nazi war ich keiner, konnte es unter diesen Umständen auch nicht sein; da Nazismus und Deutschtum unter den damaligen Verhältnissen ein- und dasselbe war, konnte ich mich auch nicht als Deutscher fühlen, und das Deutschtum, an dem mein Vater, leidend natürlich, festhielt, erschien mir eher als eine Art von Traum, der mit der Realität einfach nicht übereinstimmte. Andererseits: das Österreich der Ersten Republik war für mich keine Heimat gewesen, umsoweniger, als ich ja auch noch Evangelischer war, also einer Minderheit angehörte, die zwischen 1934 und 1938 von den Vertretern jenes Österreich auch nicht gerade geliebt worden war.

Der Ausweg oder die Lösung, die ich fand — und nicht nur ich, sondern in vielen Variationen viele meiner Generationskollegen —, hieß dennoch Österreich, allerdings eines, das damals in der Zukunft lag, und von dem sich keiner recht vorstellen konnte, wie es denn aussehen würde.

Nun, dieses Österreich kam denn auch, und wenn's vielleicht auch nicht ganz das ideale wurde, welches man sich erträumt hatte, so war's doch unvergleichlich besser als alles, was man bis dahin gekannt hatte — friedlicher, allmählich wohlhabender, nicht absolute, aber doch relativ große Freiheiten erlaubend, tüchtiger sogar, als man für möglich gehalten hätte: alles in allem ein gutes Land und endlich auch eine Heimat.

Nicht ganz so heimatlich freilich — und jetzt komme ich schon näher an die Gegenwart heran — im Politischen. Für mich, der ich nun schon dreißig und älter und beruflich erfolgreich war, gab es — wie für viele meinesgleichen — noch immer kein politisches Zuhause. Nicht in der SPÖ, die für mich schon damals auf etwas beruhte, was ich überhaupt nicht mag, nämlich auf einer geschlossenen und de facto doch ziemlich totalitären Ideologie, die mir als solche obsolet ist; aber auch nicht in der ÖVP, die in mir zwar nicht solche Abwehrreaktionen erweckte wie die Sozialisten, die aber dem Intellektuellen und Großstädter in mir gar nichts zu sagen oder gar zu geben hatte; und natürlich erst recht nicht im VdU oder in der späteren FPÖ.

So sehr ich die Existenz der Demokratie genoß, meine staatsbürgerlichen Pflichten durchaus willig erledigte und nolens volens auch das Parteiensystem samt allem Drum und Dran grundsätzlich akzeptierte, so zufrieden war ich's doch auch, mit alledem weiter nichts zu tun haben zu müssen. Da wirkten wohl auch die traumatischen Erlebnisse meiner Schulzeit nach. Es gab gewisse Schwankungen in dieser Einstellung — ich erinnere mich einer starken Zuneigung zu Kamitz und Piffl-Percevic, einer wachsenden Abneigung gegen Raab, der für mich der Inbegriff des Anti-Intellektuellen wurde, und zu dessen Zeit sich die Großbürger und Intellektuellen von der ÖVP abwandten; ich erinnere mich einer freilich schnell vergehenden Sympathie für jenen Kreisky, der zunächst einen neuen und urbaneren Ton in die österreichische Innenpolitik zu bringen schien — aber das alles änderte nichts an der grundsätzlichen Äquidistanz, wie man das heute nennt, allem Parteiwesen gegenüber. Zugehörigkeit, ein politisches Heimatgefühl spürte ich da nicht, schon gar nicht in der Spätphase der Koalition, in der ich mich diesbezüglich sogar in gewisser Weise ausgeschlossen fühlte, was noch lange, bis in die siebziger Jahre, nachwirkte.

Ich erinnere Sie daran, daß ich Ihnen Subjektives, Persönliches angekündigt habe; ich hoffe, daß es Sie interessiert, ich weiß nicht, ob Sie sonst was davon haben oder daraus ziehen können, eine Lehre oder eine Einsicht. Ich freilich glaube, daß ich, bei aller Individualität, in diesen Dingen doch auch einen Typus repräsentiere oder, meinetwegen, ein Produkt der politischen Geschichte unseres Landes vorstelle und insofern als lebendes Lehrmittel vielleicht ganz hilfreich bin, wenn ich auch nicht genau weiß, inwiefern.

Und trotzdem bin ich jetzt, siehe da, gewählter Mandatar, Parteimitglied, Stadtrat in Wien sogar. Und Sie haben natürlich allen Grund, mich zu fragen, wie das zu dem kommt.

Nun, das hat einige private und einige eher akzidentielle Ursachen, zu denen auch die unzweifelhafte Überredungsgabe des Erhard Busek gehört — aber gerade an diesem Punkt möchte ich jetzt vom rein Subjektiven einen Schritt in das Objektive tun und versuchen, so etwas wie ein Bild oder, wie man heute sagt: ein Szenario des derzeitigen politischen Zustandes zu entwerfen.

Ich benütze dazu, als gelernter Kunsthistoriker, die Mittel der Stilkunde, was zunächst vielleicht ein bißchen sonderbar klingt, so sonderbar aber nicht ist. Tatsächlich haben ja die Kulturwissenschaften, die Kunstgeschichte im besonderen, seit langem Stilkataloge und Analogie-Listen entwickelt, mit deren Hilfe man, so meine ich, ein weit besseres Urteil über die Gegenwart sich bilden kann als durch die Aussagen der Wirtschaftsforscher oder statistischen Parameter. Und eine Stil-Beschreibung erlaubt sogar, mit aller Vorsicht, gewisse Zukunfts-Extrapolationen. Ich wundere mich oft, daß Politiker und Zeitkommentatoren sich dieses Mittels fast nie bedienen.

Alle Stilmerkmale deuten klar darauf hin, daß wir in einer spätmanieristischen Phase leben: ein hohes Maß an Überspitzungen, an Kontrastgier, an Überraschungslust prägt nicht nur die Kunst und die Literatur. Auch unser Alltagsverhalten ist ein manieristisches: der rasche Wechsel von Stimmungen, der Bedarf nach immer neuen Reizen und Reizungen, eine gewisse Ratlosigkeit, die Anfälligkeit für Süchte aller Art, dazu eine unzweifelhafte Saturiertheit, die es erst erlaubt, sich auszuleben, ein sehr starkes Bedürfnis nach besonderen Genüssen (denken Sie etwa an die plötzliche Nachfrage nach neuen Moden, nach neuen Kochkünsten und so weiter), dazu eine tatsächliche Inflation von Reiz- und Vergnügungsangeboten (denken Sie an die Massenmedien, die Autorennen und so fort) — das alles ist sehr manieristisch und daher sehr endzeitlich: man kann alle diese Phänomene, ich tu's hier natürlich grosso modo, überall dort feststellen, wo eine Kulturphase dem Ende entgegengeht; etwa gegen Ende des 13. oder 16. Jahrhunderts, in den Rokoko-Jahren vor der Französischen Revolution, im späten Biedermeier, auch in der Zeit um 1900, nicht immer gleich stark ausgeprägt, mit wechselnden Gewichtungen und Konsequenzen natürlich — ich kann nicht ausführlicher darauf eingehen, obzwar ich's gerne täte, sondern muß mich auf den Punkt beschränken, den ich jetzt und hier für wichtig halte, weil er sehr wahrscheinlich die Politik und das Politikmachen der nächsten Jahre entscheidend beeinflussen wird. Damit kein Mißverständnis entsteht: ich schweife zwar scheinbar ins Allgemeine ab, meine aber trotzdem unsere Verhältnisse, meine das, was eben auch bei uns vorgeht.

Der Punkt, oder vielmehr die Tendenz, von der ich nun im besonderen sprechen will, ist das Anarchische, das in solchen spätmanieristischen endzeitlichen Phasen freigesetzt wird, und das nach der Wiederaufbauphase der fünfziger Jahre auch bei uns ziemlich unversehens zu einer uns immer mehr beherrschenden Tendenz geworden ist.

Ich schicke voraus, daß ich „das Anarchische" hier nicht positiv oder negativ werte, auch nicht als eine Art oder Abart von Ideologie oder politischer Gesinnung, obwohl es als Anarchie und Anarchismus dorthin münden kann, sondern als eine Kraft, eine Tendenz, eine Strömung von beachtlicher Kraft.

Anarchisches findet sich heute in allen Lebensbereichen und in den vielfältigsten Erscheinungsformen: es ist nach dem geradezu barocken Konservatismus der fünfziger Jahre das Stilmerkmal, wenn nicht gar der Stil dieses ausgehenden Jahrhunderts geworden.

Es richtet sich gegen Herrschaft und Hierarchie, gegen Einschränkung oder Bindung nahezu jeglicher Art, überhaupt gegen alles, was Pflichtanspruch außerhalb des eigenen Subjekts ist.

Dementsprechend sind Worte wie Emanzipation, Befreiung, Selbstverwirklichung, Aussteigen Leitworte des Anarchischen; auch Begriffe wie „politische Äquidistanz" oder das als „Politikverdrossenheit" beziehungsweise „Demokratiemüdigkeit" definierte Verhaltensmuster sind Worte, die ein Loslösen, ein Sich-Wegbewegen, ein Sich-der-Verantwortlichkeit-Entziehen beschreiben. Und es sind nicht nur Modeworte, sondern Beschreibungen von Stilmerkmalen.

Ich führe schlagwortartig und ungeordnet noch ein paar Phänomene an, in denen Anarchisches

sichtbar wird: etwa die neue Neigung zum sogenannten Regionalismus; auch eine Erscheinung wie die Stadtflucht ist hierher zu zählen, denn sie ist ja Abwendung vom Eigentlichen, wie auch das Zivildienst-Syndrom; ich verweise auf die Trivialliteratur der Science Fiction und des Kinos, in denen diese Endzeit-Anarchismen ausgiebig und brutal geschildert werden; für meine Person halte ich auch die gegenwärtige Friedensbegeisterung für zu diesem Syndrom gehörig, denn da bilden die „Ohne-mich"-Töne denn doch allzu deutlich die Oberstimme. Und so weiter. Sicherlich könnte man das alles sehr viel tiefgründiger am Zustand der heutigen Kunst und Literatur und anhand anderer, wichtigerer Parameter darstellen, aber das erspar' ich Ihnen und mir. Außerdem kommt's mir ja hauptsächlich darauf an, das Alltags-Anarchische darzustellen, das, womit wir täglich konfrontiert sind, das, was meiner Meinung nach sehr bald eines der schwierigsten Probleme allen Politikmachens sein wird.

Ich stelle also noch einmal fest, daß sehr weite Bereiche unseres Lebens anarchisch durch- und schon auch zersetzt sind, daß dieses Anarchische sozusagen weiterhin im Vormarsch ist, daß es auch schon — siehe Terroristen-Sekten und die deutschen Grünen — in die uns bekannte Alltagspolitik einzieht.

Ich glaube (und erschrecke bei dem Gedanken), daß dieser Prozeß erst an seinem Anfang steht und daß er sich — etwa durch die Angst vor der Ökokrise und der Wirtschaftskrise — noch sehr ausbreiten und verdichten wird.

Die Gesellschaft wird sich weiterhin zersetzen

und in noch mehr Minderheiten, Regionen, Gruppen und Lager zerfallen. Damit werden auch ihre Normen zunehmend an Autorität verlieren; eine weitere Schwächung tradierter sozialer Kontakte und Übereinkünfte wird unvermeidlich sein, und irgendwo wird es dann sicherlich auch Punkte geben, wo die Grenze zum Bürger- oder Weltbürgerkrieg überschritten wird. Kurz, das Anarchische in unserem Zustand drängt dahin, zum Zustand selbst zu werden.

Die Vorbedingungen für eine solche Entwicklung sind günstig. Die Autoritäten aller Art sind geschwächt, stabile Moralbegriffe nicht mehr in allgemeiner Achtung, der kollektive Aggressivitätspegel ist ziemlich hoch, Orientierungslosigkeit und Orientierungsunwille sind weit verbreitet. Hiezu kommt noch, daß das Anarchische in seinen ersten Entwicklungsphasen entschieden Lust bereitet; sich aus den Gesetzen heraus in eine subjektive Freiheit fallen zu lassen, sich gehen zu lassen, endlich das zu tun, was man nie tun durfte, nämlich irgendwas kaputtzumachen — das schafft Rauschgefühle; es ist ja für den manieristischen Stil unserer Zeit recht typisch, daß neben allen Ängsten doch auch eine gewisse Euphorie, ein Gefühl des Tanzes auf dem Vulkan-Hollodrioh herrscht. Auch ist nicht zu vergessen, daß das Anarchische elementaren Charakter hat und das Elementare noch mehr Faszination ausübt, wenn die Umgebung, in der seine Ausbrüche stattfinden, so geordnet und abstrakt und regelrecht ist, wie sich unsere Zivilisation nun einmal vor allem den Jüngeren darstellt.

Ich denke, daß die Anarchie neben der Öko- und der Wirtschaftskrise der dritte apokalyptische Reiter sein wird, mit dem wir es bald zu tun haben könnten oder gar jetzt schon zu tun haben; und also frage ich mich, welche Strategien anzuwenden sein werden, die Vorbedingung der Anarchie, nämlich das Anarchische, in den Griff zu bekommen.

Die erste Schwierigkeit, die sich bei einer Auseinandersetzung mit dem Anarchischen einstellt: es ist politischen, technischen und wahrscheinlich rationalen Argumenten kaum zugänglich, logischerweise, weil es ja gerade die dazugehörigen Denkkategorien sind, oder vielmehr: deren Übermacht und Allgegenwart, die das Anarchische erst hervorgebracht haben — zu viel Administration, Staat, Beton, Technik, Planung, zu hohe Funktionalisierung, zu viel Ökonomie, zu viel von jener Brutalität, die halt allem Nur-Sachlichen anhaftet, zu intensive Beanspruchung auch durch die Kollektive, durch die Steuer und so weiter. Das sind die Quellen des Anarchischen; man kann diese Liste ja bei den Alternativlern aller Richtungen genauer studieren. Und ich denke, daß wir, Zeitgenossen, die wir sind, alle soweit ebenfalls schon genug anarchisch denken und fühlen, um da durchaus mitfühlen und mitbegreifen zu können; gelegentlich verwenden wird selbst ja schon diese kritischen Vokabeln, und sogar mit Erfolg; die Forderung „Weniger Staat!" ist unter den heutigen Bedingungen ein anarchisches Wort, freilich kommt es, wenn wir es aussprechen, aus einem anderen Sinnzusammenhang.

Das Modell, das man dem Anarchischen entgegensetzen muß, kann nicht das der Welt der letzten zwanzig, dreißig oder fünfzig Jahre sein. Unser mehr aus dem Instinkt als aus der kalten Analyse geschöpfter Slogan von der „anderen Politik" trifft da schon eher die Richtung. Und wenn der Erhard Busek häufig in aller Öffentlichkeit davon spricht, daß sich die Parteien und der Parteienstaat und die Parteipolitik gewaltig ändern müssen, wenn sie nicht untergehen wollen, und wenn er interessanterweise dafür keinen Widerspruch in der eigenen Partei findet, so ist auch das symptomatisch.

Hier bringe ich nun wieder meine unwürdige und inzwischen fünfzig- und mehrjährige Person ins Spiel.

Ich sehe mich selbst und das Faktum, daß ich, der politisch Heimatlose, der Evangelische, der Intellektuelle, der sich selbst als Liberalen Empfindende, in der Wiener Volkspartei eine Art politische Heimat gefunden habe, durchaus als Symptom dieses Lockerungsprozesses, den ich, nebstbei gesagt, nicht nur für richtig, sondern einfach für notwendig halte; daß ein Typ wie ich, der durchaus etwas von Ernst Jüngers Anarchen an sich hat, andererseits sich derart findet, daß er ein solches Engagement riskiert, finde ich nicht weniger typisch. Ich leugne nicht, daß da auch eine Art Angst mit im Spiel ist, freilich auch das Verlangen, die Angst zu überwinden — das Trauma meiner Kindheit, nur Objekt der politischen Auseinandersetzung zu sein, hier macht sich's geltend.

Ich denke, daß die Hauptsorge der Politik, aller Politik, in der nächsten Zeit darauf gerichtet sein wird, das Anarchische nicht zur Anarchie ausufern zu lassen.

Ich meine: Wenn man gegen das Anarchische ankämpfen will, nützt es nichts, an den Symptomen herumzukurieren — etwa ein bisserl die

Jugend zu befriedigen, irgendwas Aufklärendes gegen die Politikverdrossenheit zu zitieren oder noch mehr Sozialsentimentalismus zu zeigen.

Da ist es wohl besser, dorthin zu gehen, woher das Anarchische stammt, nämlich an die Wurzeln.

Ich sagte schon: das Anarchische kommt aus dem elementaren Bereich; nicht aus den Vorderhirnen, sondern aus den Stammhirnen sozusagen; nicht aus dem Intellekt (der verschärft's nur, im nachhinein), sondern aus dem Instinkt, der spürt, daß da was falsch läuft; aus dem Gefühl, aus der Emotion, vielfach aus einer Art von Kollektiv-Erinnerung an irgendwelche besseren Zeiten oder Zustände. Die Sehnsucht nach Wärme, nach Kindhaftigkeit sogar, nach klaren, einfachen Bildern, aber zugleich nach einer gewissen Verschwommenheit im Intellektuellen: das sind für das Anarchische sehr charakteristische Gefühle.

Gefühle und Emotionen, die durch sich verschlechternde Umweltbedingungen (etwa Wirtschafts- und Ökokrise) sicherlich nicht abgeschwächt, sondern noch verstärkt werden (man hört ja jetzt häufig den Hoffnungsstoßseufzer: „Na wart's, wenn's schlechter wird, dann werden euch die Spinnereien schon vergehen" — aber das halte ich doch für reichlich naiv; das Gegenteil ist viel wahrscheinlicher).

Aus diesem Bereich aber, aus dem Emotionalen, aus dem Gefühl und aus der Erinnerung — in diesem Fall: aus der Geschichte — muß folglich auch der an-anarchische Gegenentwurf kommen; dort müssen die Ligaturen gesucht werden, die unsere in Minderheiten zerfallende Gesellschaft wieder binden können. Vorbilder, aus denen wieder ein Sinn deutlich wird, Strukturen, die dauerhafter sind als unsere Konstruktionsschemata. Ich plädiere also sozusagen für Organisches anstelle des Organisierten.

Was könnte die große Ligatur sein, die das Auseinanderstrebende zusammenhält? Welcher Begriff, welches Wort wäre so elementar, daß es unmitttelbar und solidarisierend wirken könnte, daß es nicht die Flieh-, sondern die Schwerkraft mobilisiert? Solche Worte hat es immer gegeben: „Kirche" war eines, später „der Staat", dann „die Nation", in unserer Zeit „die Gesellschaft", die jetzt, nachdem sie das Anarchische freigesetzt hat, von ihm angenagt wird.

Ich schlage vor, die Volkspartei sollte schleunigst das Wort „Volk" an die Brust nehmen.

In diesem Wort (und Begriff) steckt ungeheuer viel; es ist ein fast vergessenes, aber ein elementares, ein Ur-Wort.

Man muß ihm natürlich die letzten Reste seiner Nazi-Verfälschung abputzen. Man muß es von dem Nationalitätsgeruch befreien, der ihm vielleicht, freilich nicht für mich, noch anhaftet. Man muß ihm den Sinn von „peuple" geben, von „populus", der Versammlung aller, der Gemeinschaft, der wir angehören, ob wir's wollen oder nicht. Die Staatsformen wechseln, die Regierungen wechseln, die Ideologien kommen und gehen; die Gesellschaften bilden sich und lösen sich auf: das Volk bleibt, die einzige Konstante in der Erscheinungen Flucht, das einzige Wort, das noch immer imstande ist, Trost in der Angst, Nachbarschaft in der Not und Bindung zwischen allen Gegensätzen zu geben.

Hier endet der Bericht des inzwischen fast schon Sechzigjährigen, der zu der Einsicht gekommen ist, daß alles nur ein Übergang oder gar der Übergang eines Überganges ist, der aber noch immer hofft, daß wir die Ziele dieser Übergänge selbst bestimmen können.

Die Politik des Überlebens
(1981)

Im Jahre 1970 habe ich, damals Programmplaner des Österreichischen Fernsehens, innerhalb der beiden Fernsehprogramme einen sogenannten thematischen Schwerpunkt, und zwar über die Themen Umwelt und Umweltschutz, gesetzt.

Ich erinnere mich daran nicht ohne einen gewissen Stolz — es war immerhin das erste Mal, daß sich das größte aller Massenmedien mit diesem Problem beschäftigt hat; das hat dann auch viele Folgen gezeitigt, auf die ich hier nicht eingehen kann. Das Interessante an der Sache war, rückblickend betrachtet, daß ich damals mit einem solchen Vorhaben nicht nur auf beträchtliche Schwierigkeiten (selbst unter meinen Kollegen) stieß (weil jenen, immerhin erfahrenen Journalisten, dieser Problemkreis noch nicht geläufig war), sondern daß ich einfach keinen Namen für das Kind hatte. So sonderbar das auch klingt: damals waren die Begriffe Umwelt und Umweltschutz noch unbekannt, und natürlich erst recht deren Inhalte. Wir setzten dann über die betreffenden Programme den damals eher kurios als dramatisch wirkenden Titel „Überleben".

Das ist jetzt etwa zehn Jahre her — eine wahrhaft kurze Zeitspanne.

In diesen zehn Jahren aber ist die Umwelt- und Umweltschutzthematik zu einem der größten, wenn nicht zu *dem* Thema unserer Zeit und unserer Zivilisation geworden. In sämtlichen einschlägigen Meinungsumfragen wird die Umweltsorge, um nicht zu sagen: die Umweltangst, heute schon an zweiter Stelle, gleich hinter der Sorge um den Arbeitsplatz genannt.

In der kurzen, ja winzigen Spanne von zehn Jahren ist ein Thema, ein Problem, das zuvor praktisch nicht existent war, buchstäblich existentiell geworden.

Auch für die Politik.

Ich soll hier als Politiker sprechen und werde das auch tun, wiewohl ich nicht weiß, ob das, was ich sage, und die Art, in der ich's sage, politisch im landläufigen Sinn ist. Denn ich habe mir, als ich, spät genug, in die Politik ging, vorgenommen, meine Identität mir mir selbst zu wahren, und dazu gehört, daß ich als Politiker Mauthe nichts anderes sage als das, was ich mir als Privatmann und Bürger Mauthe denke.

Lassen Sie mich also der Wahrheit gemäß sagen, daß ich als Bürger und Privatmann so etwas wie ein intermittierender Apokalyptiker bin, als Politiker es aber für meine Pflicht halte, alles zu tun, was man im Angesicht einer drohenden existentiellen Gefahr zur Durchführung rettender Gegenmaßnahmen, zur Vorsorge für den Ernstfall, zur Schaffung von — ja, heute wirkt dieses Wort nicht mehr kurios, sondern ist akut geworden: zur Schaffung von Überlebensmöglichkeiten nur tun kann.

Ich weiß nicht, ob es wahr ist, daß unsere Zivilisation einem mehr oder weniger katastrophalen Ende entgegensieht, einem mehr oder weniger finalen Zusammenbruch der ökonomischen und ökologischen Strukturen, auf denen nicht nur unsere Lebensart, sondern sogar unser Leben selbst beruht. Wahr ist allerdings, weil durch vielerlei Indices belegbar, daß sehr, sehr viele Menschen

von Endzeit-Ängsten mehr und mehr beherrscht werden. Es gehört zu den Bizarrerien unserer Jahre, daß dergleichen durch schwer widerlegbare Ziffern belegbar ist: tatsächlich wissen die Meinungsforscher, daß rund drei Viertel unserer Bevölkerung von dem immer stärker werdenden Gefühl beherrscht werden, daß nun sehr magere Jahre kommen, Katastrophen großen Ausmaßes sich ereignen und die Zeiten, ganz allgemein, sich verschlimmern und verschlechtern werden. Prüfen Sie, wie weit Sie selbst von solchen Ängsten heimgesucht werden — von Ängsten, die durchaus nicht im Hirn, sondern ebensogut in animalischen Sensorien, unterm Brustbein, im Bauch, in der Seele sitzen können . . .

Ein Politiker, der diesen Befund nicht wahrnehmen will, handelt dumm, vielleicht auch verantwortungslos. Die Angst ist ein mächtiger Antrieb und ein unberechenbarer dazu, und also sehr geeignet, in politische Vorgänge aller Art, beschleunigend oder verzögernd, verwirrend oder gar zerstörend, einzugreifen. Eine andere Frage — die mir schon gestellt wurde — ist, ob ein Politiker dergleichen aussprechen dürfe, ohne sich damit zum Opfer und zugleich Verursacher einer sich selbst erfüllenden Prophetie zu machen; ob er also nicht besser daran täte, diese Einsichten als eine Art von Geheim- oder Herrschaftswissen bei sich zu behalten.

Auf diese Frage weiß ich keine rechte Antwort; hier jedenfalls, vor Ihnen und mir doch eher Gleichgesinnten, sage ich, daß auch ich von jenen chiliastischen Ängsten nicht frei bin — und daß sie zu den Ursachen gehören, die mich in die Politik und schließlich auch dahin gebracht haben, hier vor Ihnen mein Referat zu halten.

Zu verwundern ist es ja nicht, daß die Große Angst vor dem baldigen Tag des Zorns umgeht.

Jedermann weiß, daß genug Explosionsstoff gestapelt ist, um die Menschheit in kürzester Frist auszurotten, und weiß, daß ein Idiot am Schaltpult, ja schon eine technische Panne genügen würde, um diesen ultimaten Effekt auszulösen. Jedermann, auch wenn er's vielleicht noch nicht recht glauben möchte, weiß doch, daß unsere Ressourcen, unsere Energiequellen, unsere Produktionskapazitäten übermäßig in Anspruch genommen sind und der Erschöpftheit sich nähern. Jedermann weiß, daß wir überall an Grenzen stoßen und daß jenseits dieser Grenzen, an den Rändern unserer Zivilisation, schreckliche und schrecklichste Dinge geschehen, Verwandlungen von Halbkontinenten in ganze Wüsten, Zerstörungen unglaublichen Ausmaßes, Völkermorde fürchterlichster Art.

Soll man davon nicht sprechen?

Darf die Politik davon schweigen?

Die schlimmen Dinge, die heute geschehen, sind vielfach die Folgen gestriger Ideologien und Utopien: Folgen etwa des Glaubens, daß der Mensch von Natur aus hilfreich, edel und gut — und das zu jeder Zeit — sei, wenn man ihn nur von allen Repressionen freimache — und so weiter.

Aber auch die regulative Kraft dieser Utopien und Visionen ist erloschen. Es hat sich noch nicht recht herumgesprochen, daß, par exemple, der Marxismus in allen seinen Formen und Pseudoformen zwar weltweit siegreich, aber im Augenblick seines Sieges auch schon erledigt war. Von Kuba bis Kambodscha, von Rußland bis Mexiko, von China bis Polen, von Jugoslawien bis Schweden — und schließlich wohl auch in Österreich — sind sozialistische und kommunistische Modelle jeder nur denkbaren Art ausprobiert worden: nicht eines davon hat tatsächlich funktioniert. Niemand sollte das begrüßen oder gar mit intellektueller Schadenfreude konstatieren; hier geht ein gewaltiger Versuch der menschlichen Vernunft, auf rationale Weise Glück zu produzieren, zu Ende.

Wir treten also in eine Zeit ein, in der die Utopien ihre Wirk-, vielleicht auch ihre Heilkraft verlieren. Wir müssen uns, vielleicht zum ersten Mal in der Geschichte unserer Zivilisation, mit dem Gedanken vertraut machen, daß es ganz offenbar keine große Lösung aus dem *einen* Punkt, daß es keine alles rettende Formel mehr gibt und daß es sie für die uns geschenkte Lebenszeit nicht mehr geben wird. Wir sehen in diesem Endzeitalter längst vergessene mythische Kräfte in unsere Beton- und Maschinenwelt einbrechen — Terror, apokalyptische Reiter, Menschheitshaß, Medusenhäupter, Fenriswölfe, falsche Propheten, diverse Damen von Babylon und Flammenzeichen an jeder Wand, ein chiliastisches Szenario in fast jeder „Zeit-im-Bild"-Sendung . . .

Vielleicht übertreibe ich, vielleicht verfalle ich in die Kassandra-Rolle, sehr wahrscheinlich überschreite ich die Kompetenzen eines Kommunalpolitikers — aber da ich vorderhand weit und breit der einzige Politiker zu sein scheine, der solche Bilder nicht nur sieht, sondern auch beschreibt, wird der Schaden hoffentlich nicht zu groß sein. Mag auch sein, daß einer, der dergleichen sagt, gar kein Politiker, oder jedenfalls kein guter ist. Nur allzugerne hätte ich unrecht.

Die alltägliche, die ungeschminkte, die banale Erfahrung, das, was man halt so erlebt, wenn man die Welt nicht nur aus dem Auto, durch die Zeitung und das Fernsehen betrachtet, sondern in täglichen Augenschein nimmt, diese Erfahrung vermag mich nicht zu beruhigen. Ich will nicht das ganze Register aufzählen, von der Apathie angefangen, die nun politisches und sozietäres Denken angreift, von der Neigung zu Anarchismen aller Art, über das Drogen-, das Jugend-, das Kinderproblem, über die verheerende Vandalismus-Anfälligkeit bis zur Zerstörung der ordnungsschaffenden Tradition — es genügt hier, zu sagen, daß die Ängste unterm Brustbein längst wie Säuren in alle gesellschaftliche Beziehungen, in unsere Umwelt, eingesickert sind und dort verheerende Wirkungen ausüben; ich weise Sie nur, weil's ein vielfach übersehenes Phänomen ist, auf ein besonders unheimliches Stilmerkmal unserer Zeit hin, nämlich auf die Beschleunigung vieler gesellschaftlicher Prozesse: irgendwas — ein politischer Gedanke, eine Rede, eine Tendenz, ein Massenidol — ist plötzlich da, dehnt sich aus, wächst schnell, gewinnt an Bedeutung — und wuchert dann plötzlich aus, stirbt ab und verwest, stinkt eine Weile und wird dann vergessen. Eine Art Dschungel-Klima hat sich in unseren Umwelten gebildet, eine neue Realität, in der es kaum noch einen durch allgemeinen Konsens gesicherten festen Punkt gibt, in der alles scheinbar Feste in Bewegung gerät, in der jede dieser Bewegungen aber zugleich die Tendenz zu frühzeitiger

Erstarrung in sich trägt. Wir sind, um es in einem Bild zu sagen, in vulkanische Verhältnisse geraten, zwischen Eruptionen, Aschenregen, Lavaströme und Hitze.

Spätestens hier ist die Frage an mich zu stellen, was der Politiker denn aus dieser seiner, subjektiven, Meinung — von mir aus: auch Angst — für politische Konsequenzen zieht. Das muß er ja wohl, nicht wahr?

Natürlich muß er. Er kann freilich nicht theologische Konsequenzen daraus ziehen; das ist nicht seine Sache. Der Acker, den er bearbeitet, ist der Alltag mit seinen Faktizitäten und Möglichkeiten, seine Zeit liegt zwischen dem Heute und dem Jahr, in dem er sich wieder zur Wahl stellen muß (womit ich natürlich nicht sagen will, daß ein Politiker nicht weiterreichende Konzepte im Kopf haben soll).

Ich sage gleich: die Antworten wie die Konsequenzen sind nicht dramatisch sondern bescheiden, nicht laut sondern eher still. Aber, erlauben Sie mir diesen scheinbar merkwürdigen, aber wohlüberlegten Vergleich: auch die Arche Noah dürfte im Vergleich zur drohenden Sintflut eher klein gewirkt haben — und hat dann doch ganz gut funktioniert.

Erste Konsequenz: Die Politik wie der Politiker müssen wieder — koste es sie, was es wolle — ihre Unersetzbarkeit beweisen.

Die Krise aller gewohnten und bisher als selbstverständlich hingenommenen Strukturen ist auch an der Demokratie, an den Parteien, an den Politikern nicht spurlos vorübergegangen. Sie haben an Respekt, Ehre, Würde und Bedeutsamkeit verloren. Ich suche nicht nach Ursachen, nicht nach Schuld — es genügt mir, hier einfach festzustellen, daß die Politik in diesem Falle nicht allein dasteht, sondern das derzeitige Schicksal aller sozietären Institutionen teilt — schließlich stecken nicht nur die politischen Parteien, sondern auch die Schule, die Familie, die Kirchen, selbst die Kunst in der Krise. Indessen: keine andere Institution würde bei ihrem Versagen so schnelle, unmittelbare und unmenschliche Umwelt-Katastrophen bewirken wie unser politisches System.

Es gibt nun einmal nur zwei Alternativen zur parlamentarischen Demokratie: die eine ist der pure Totalitarismus, die andere, derzeit vielleicht aktuellere, ist der blanke Terror der Anarchie. Beide gedeihen in einer Endzeit vorzüglich, beide sind unter Umständen von einer entsetzlichen Plausibilität umgeben, beide gleich zu fürchten. Ich sage das, weil sich, durchaus chiliastisch, vielfach — und nicht nur bei der Jugend — die Meinung verbreitet, es könnte allenfalls ein gesellschaftliches Leben auch ohne Politik, ohne Politiker denkbar sein, es könnte in einer Art von syndikalistischem Contrat social schon auch irgendwie gehen. Es geht nicht. Es ist nie gegangen. Denn einige oder einer finden sich immer, die ja dann doch und erst recht Politik machen — und sei es die des Mordens.

Wie immer es sein mag: wir müssen trachten, die Demokratie, und das heißt: die Parteiendemokratie, zu restaurieren und funktionsfähig zu erhalten. Das wird nur möglich sein, wenn ihre Glaubwürdigkeit wieder hergestellt wird; und das wiederum wird nicht möglich sein ohne Opfer, ohne Veränderungen, und — ich sage das offen — ohne eine neue Art von Politikern. Ich meine damit nicht so sehr die laufende Debatte um die Korrumpierbarkeit von Politikern — nicht die Korruption ist das Hauptproblem, sondern die Selbstreinigungskraft der Demokratie, und an die möchte ich immer noch glauben. Nein, ich meine jetzt etwas anderes: ich meine, daß allmählich jene Politiker an Glaubwürdigkeit verlieren, die auf jede Frage eine vorgestanzte Antwort parat haben, die jederzeit auf Linie sind — auf der Linie eines bis ins Detail fixierten Parteiprogrammes zum Beispiel — und die sozusagen auf Knopfdruck wissen, welchen Standpunkt sie einzunehmen haben.

Irgendwie widerspricht das unseren Gepflogenheiten, widerspricht das auch der Mentalität der Bürger und Wähler. Denn der Wähler und Bürger mag dem Politiker noch so mißtrauen, er sieht in ihm doch immer noch einen, der quasi im Besitz von Herrschafts- oder sonst einem höheren Wissen ist. Auch der Bürger und Wähler wird da noch einiges zu lernen haben . . .

Es wird schwieriger sein als bisher, ein guter Politiker zu sein. Ja, als man noch die großen Entwürfe im Rücken hatte, als man ungestört planen konnte, als man ein schönes Ideologiesystem hatte, aus dem man bald den einen, bald den anderen Leckerbissen herausholen konnte — da war's wohl einfach, Politiker zu sein. Aber ohne diese Schutz-Netze unterm Drahtseil? Da wird's schwieriger.

Eine andere Art von Politik — und Politikern — wird sich, nach dem Abschied von den großen Entwürfen, die jetzt sowieso alle im Ladl verschwinden, damit bescheiden zu müssen, in die Wirklichkeit zurückzukehren. Und die ist leider nicht so rosig, wie die Planer, welche eben diese Wirklichkeit bewirkt haben, es vorgesehen hatten.

Wenn Sie meiner Definition zustimmen, daß die Worte Umwelt, Umweltzerstörung und Umweltschutz nicht nur die gestörten Verhältnisse zwischen Natur und Technik, sondern unser ganzes Leben und dessen Bedrohung betreffen, dann muß alles, was Politik in Zukunft betreibt, Umweltpolitik sein. (Ich gehe mit dieser Definition, ich weiß es, weit über die Grenzen hinaus, die unser Parteiprogramm festgesetzt hat. Aber wie gesagt: ich sage, was ich denke.)

Politik, insbesondere Kommunal- und Regionalpolitik, wird unter diesen Umständen auf lange Zeit hin restaurative Züge tragen müssen. Sie wird konservierend sein. Ihr Ziel kann nicht mehr die große Innovation sein; ihre Aufgabe heißt: Reparatur. Nicht zu irgendwelchen neuen Ufern aufzubrechen, wird die politische Parole sein, sondern Sanierung der hydragleichen Alltagsprobleme. Nicht die Planung neuer Supersozialdampfer, sondern der Bau vieler kleiner, selbständig manövrierbarer, überlebensfähiger Noah-Archen wird notwendig sein. Nicht neue Straßen sind anzulegen, sondern die Schlaglöcher auf den alten Wegen zu reparieren. Nicht neue Kommunikationssysteme sind zu erfinden, sondern die zerrissenen Leitungen und Netze in den kleinen Subgesellschaften, in der Nachbarschaft, der Familie, der Freundeskreise sind zu flicken. Nicht mehr das Ferne, sondern das Nächste und den Nächsten werden wir wieder lieben lernen müssen.

Politische Arbeit von dieser Art, mühsam,

schwierig, vor Rückschlägen und Fehlern nicht gefeit, dem Hohn und Spott ausgesetzt, entbehrt auch des Glanzes, den die großen Entwürfe von gestern ihren Verfechtern verliehen haben. Sie erfordert vieles, was es erst in Ansätzen gibt: mehr personale Verantwortung, andere Personen, andere Instrumentarien. Und sie erfordert eine neue Sprache, oder, wenn Sie so wollen, einen Rückgriff auf die Wurzeln der Sprache — dorthin, wo sie dem Bild, dem Symbol näher ist als der Abstraktion, in die sich so viele Politiker so gerne retten, wenn sie mit der Realität konfrontiert sind. Solche Rückgriffe ins Radikale der Sprache gibt es: denken Sie daran, daß ein so einfaches und sinnliches Wort wie „Baum" imstande ist, ganze Ideologiesyndrome, ja ganze Parteiprogramme zu zerbrechen. Wehe der Partei, wehe den Politikern, die nicht rechtzeitig jene Worte finden, die nicht tönendes Erz und klingende Schelle sind!

Lassen Sie mich abschließend den Grundsatz dieser anderen Art von Politik definieren; er folgt dem berühmten apokryphen Luther-Wort, in welchem auch schon ein Baum vorkommt: Und wenn die Welt morgen untergeht, so sollten wir doch heute noch unser Apfelbäumchen setzen.

Die neue Revolution: Freiheit, Schönheit, Bürokratielosigkeit

(1984)

„Ich kann freilich nicht sagen, ob es besser werden wird, wenn es anders wird; aber soviel kann ich sagen: es muß anders werden, wenn es gut werden soll."

Dieses Wort von Lichtenberg, vor 200 Jahren geprägt, ist heute aktueller und gültiger denn je.

Wenn wir nicht sehr rasch und radikal anders werden, das heißt dem Leben und der Welt anders gegenüberstehen, als wir das schon viel zu lange getan haben, dann wird der apokalyptische Untergang unseres Planeten nicht mehr zu verhindern sein.

Anders muß also auch, und davon will ich heute vor allem reden,unsere politische Kultur, unsere politische Praxis, unsere politische Wirklichkeit werden.

Immer wieder wird beklagt, daß sich die österreichischen Parteien nicht mehr dazu aufraffen können, mit ihren Programmen ins Grundsätzliche zu gehen, und nicht mehr den Mut haben, vom Grundsätzlichen auszugehen zu neuen Überblicken ins Zukünftige. Zwar sprechen auch die Parteileute selbst immer wieder davon, daß man das Täglich-Pragmatische endlich wieder an den Begriffen oder vielmehr an den vielberufenen „Werten" festmachen oder von ihnen ableiten müsse. Doch an diesem Punkt pflegt dann die Diskussion zu enden, denn es gibt eine gewisse Scheu, eine gewisse Befangenheit, ja sogar eine gewisse

Furcht, sich in diesem Punkt zu fixieren. Das ist schlimm, weil man ohne Begriffe und Werte auf Dauer keine sinnvolle Politik betreiben kann, nämlich eine Politik, die mehr ist als ein bloßes Krisenmanagement.

Ich möchte nun versuchen, zu solchen Begriffen vor- oder vielleicht besser gesagt: zurückzugehen, von deren Findung oder Wiedereinsetzung in die politischen Programme die Zukunft nicht nur der Politiker, sondern auch der politischen Parteien abzuhängen scheint.

Die Begriffe, die ich meine, heißen Freiheit und Schönheit. Beide spielen in der gegenwärtigen politischen Diskussion so gut wie keine Rolle, beide sind dem allgemeinen Sprachgebrauch so fremd, daß schon ihre Erwähnung Verwunderung und ein — nostalgisches oder ironisches — Lächeln hervorruft. Und doch: diese beiden Begriffe werden über kurz oder lang das politische Geschehen oder das Schicksal der Politik bestimmen.

Wir leben, so heißt es, und so nehmen wir's im allgemeinen auch an und hin, im freien Westen, in einer freiheitlichen oder freien Gesellschaft — und in Relation zu anderen Gesellschaften in unmittelbarer Nachbarschaft (von entfernten ganz zu schweigen) stimmt das ja wohl auch. Noch. Noch und in Relation. Stimmt's aber auch de facto? De facto stimmt's nicht. Denn tatsächlich leben wir bereits in einer Unfreiheit, die wir nur — noch — nicht als solche empfinden, weil sie — noch — relativ bequem ist und jedenfalls besser als die im Osten.

Um zu illustrieren, was gemeint ist, zitiere ich aus den Tagebüchern der Brüder Goncourt, zweier blitzgescheiter Pariser Intellektueller, die im Jahre 1860 folgende wahrhaft prophetische Vision gehabt haben:

„Je weiter die Zivilisation von der Vereinzelung zur Zentralisation schreitet — bei welcher fatalen Bewegung die Schnelligkeit ständig zunimmt —, desto stärker wird die Individualität aufgesaugt. Der Staat ist, namentlich seit (17)89, ein fabelhafter Aufsauger! Wird die Zukunft nicht der Staat sein, der alles aufsaugt, alles garantiert und jedem das Eigentum nur in Pacht gibt? Der Despotismus wird nicht mehr bei einem Mann, bei einem Willen liegen, sondern es wird, sich über alle erstreckend, das Netz einer allmächtigen Reglementierung geben, die Tyrannei der Bürokratie, mit einem Wort: die absolute Herrschaft des Staates, der alles im Namen aller verwaltet."

Tatsächlich hat unsere Wirklichkeit diese Prophezeiung noch übertroffen, insoferne nämlich, als die Bürokratie schon längst über den Staat hinausgewuchert ist. Die Goncourts konnten sich unter „Bürokratie" offenbar nur die Administration durch die Organe, die Beamten, die Juristen, die Gesetzesexekutoren des Staates vorstellen; sie haben nicht ahnen können, daß es zudem auch noch Bürokratien des Gesundheits- und Versicherungswesens, der berufsständischen Interessensvertretungen, der Konsumentenschutzorganisationen, des Hygienewesens, der Genossenschaften, der Gewerkschaften, des Verkehrswesens und so weiter geben würde.

Tatsache ist, daß wir seit geraumer Zeit völlig unter die Diktatur der Bürokratien geraten sind. Tatsache ist, daß unser Leben bis ins kleinste Detail hinein, bis zur Form des Frühstücksapfels oder einer Salzgurke, bis zum Abendnachrichtentermin im Fernsehen (denn es gibt auch eine Medienbürokratie, und was für eine!) geregelt und reguliert wird. Orwell ist auf eine andere, aber nicht weniger totale Art Wirklichkeit geworden.

Längst sind selbst solche Institutionen, die sich einmal zum Zwecke der Abwehr der staatlichen Bürokratie gebildet haben — die Gewerkschaften, die Sozialversicherungen, die Kammern — zu Bürokratien geworden, die mit der Staatsbürokratie in ein Verhältnis der Zusammenarbeit, des gegenseitigen Interessensaustausches treten — und längst haben sie die Politik erobert. Denn in den Parteigremien wie in den Parlamenten stellen die Abgeordneten und Vertreter dieser Bürokratien längst die Mehrheiten, um die Erfordernisse und Wünsche ihrer Bürokratien zu vergesetzlichen. Und längst ist auch die Bürokratie eine innige Verbindung, eine unheilige Allianz mit der Technik eingegangen. Wenn man sich unsere Landschaften anschaut, den Straßenbau, den Wasserbau — diese Verbetonierung der Schönheit: auch das ist Bürokratie, Bürokratie, die statt mit dem Lineal mit Baggern, statt mit dem Löschblatt mit Beton arbeitet.

Ja, es geht uns relativ gut dabei, und jedes Stück Freiheit, das uns diese Bürokratie abgeknöpft hat, hat sie mit einer Risikoverminderung boniert, das ist schon wahr. Und es ist auch wahr, daß diese Bürokratie im großen und ganzen durchaus menschliche Züge zeigt; ihre hiesige Erscheinungsform stammt halt noch aus dem aufklärerisch-menschenfreundlichen Josephinismus.

Und dennoch: die Bürokratie an sich, die wir uns da eingewirtschaftet haben, *ist* total und totalitär; und sie wird es von Jahr zu Jahr und von einer Gesetzgebungsperiode zur nächsten immer mehr. So gut sie es auch meinen mag, bewirkt sich doch von Tag zu Tag immer mehr Lähmung und Beschränkung. Das natürliche Bestreben der Bürokratie, sich nach Normen zu richten — denn die Administration bedarf der Normen —, normiert das Alltagsleben bis zum Unerträglichen. Dies trifft, zunächst, nicht so sehr den Typus, der sich gerne anpaßt, also den von der Bürokratie geschätzten und vielleicht sogar gezüchteten Normierten. Das trifft jedoch mit voller Wucht jeden, der zu etwas Neuem, Anderem, zu Selbständigerem und Selbsttätigem drängt; das trifft den, der etwas „unternehmen" will, womit nicht nur, aber doch auch Kommerzielles gemeint ist. Dieser Typus, von dem aber die Lebendigkeit des Ganzen abhängt, das Fortschreiten der Sozietät, das Klima in ihr — der kommt sich immer häufiger vor wie der erwachende Gulliver, der sich nicht bewegen kann, weil er mit unzähligen feinen Fäden gefesselt worden ist.

Und es trifft die noch nicht angepaßten Jungen. Es wird vielleicht gar nicht mehr lange dauern, bis wir alle von dem Gulliversyndrom befallen sind: nämlich in einem Albtraum zu erwachen. In einem Albtraum der Lähmung.

Ich sagte, daß der Bürokratismus österreichischer Prägung immerhin noch menschliche Züge hat. Ich bin nicht sicher, daß er die beibehalten wird, wenn die Ressourcen knapper werden. So lassen etwa die Arbeitszeitverkürzungspläne — die übrigens typisch bürokratisch sind — logische Konsequenzen zu, die gräßlich sind: eine Gesellschaft, in der die Leistung kriminalisiert, ja mit Strafe verfolgt wird. Es ist durchaus vorstellbar, daß man dann, so man zuviel arbeitet, strafweise in ein Freizeitzentrum eingeliefert wird.

Ich glaube, und nehme dafür wieder das Recht der Subjektivität in Anspruch, daß hier sehr bald ein kritischer Punkt erreicht sein wird, der zu ganz unvorhersehbaren Reaktionen und Konflikten führt. Ich glaube, daß die nächste Revolution unserer Geschichte eine gegen die Bürokratie sein wird. Es wird eine Revolution ohne Barrikaden und Straßenkämpfe, ohne Schüsse, ohne Leichen sein. Es wird die Revolution der selbständig Denkenden und der Jungen sein.

Unangenehm genug wird sie, wie jede Revolution, trotzdem sein. Denn sie wird sich in anarchischem Eskapismus, in der Verweigerung von Pflichten — angeblichen oder tatsächlichen Pflichten — und in allen Spielarten der wirklichen oder angeblichen Korruption äußern. Und ich frage mich sogar, ob wir — hören Sie noch einmal diese Worte: anarchisch, Eskapismus, Verweigerung, Korruption; denken Sie andere hinzu, die Ihnen geläufig sind: grauer Markt, Pfusch, Schwarzarbeit, Steuerflucht — ich frage mich also, ob wir nicht schon am Beginn einer solchen neuartigen Revolution stehen, die, wie jede Revolution, gegen totalitäre und daher unerträgliche Beschränkungen natürlicher Freiheiten, diesmal der Entscheidungs- und Bewegungs- und Unternehmungsfreiheit, sich erhebt. Die anderen Krisen, auf die wir zugehen, werden diese Konflikte entscheidend und dramatisch verschärfen. Denn fundamentale Krisen sind nicht durch Normen und normierte Instrumentarien zu bewältigen, sondern nur durch deren Gegensätze: durch Innovation, durch Phantasie, durch Unternehmungsgeist, durch das Unkonventionelle, mit einem Wort: durch mehr Freiheit. Die Geschichte lehrt das zur Genüge.

Und darum wird die Frage, ob die politischen Parteien (die selbst bürokratisch genug sind) sowohl die Einsicht als auch die Kraft haben werden, gegen den Bürokratismus auf- und für neue Freiheiten einzutreten, zu ihrer Schicksalsfrage werden.

Ich nehme an, daß das, was ich bisher gesagt habe, für einen politischen Vortrag ungewöhnlich war. Ich fürchte, das Kommende wird noch ungewöhnlicher sein.

Denn ich spreche nun von dem anderen Begriff, der von der Politik aufs neue gefunden werden muß. Ich spreche von der Schönheit. Das klingt nach einem ganz anderen Thema — aber ich hoffe, Ihnen klarmachen zu können, daß zwischen den Begriffen Freiheit und Schönheit unmittelbare Zusammenhänge bestehen.

In unserer Welt hat die Schönheit seit geraumer Zeit keinen Platz mehr; weder als Wert noch als philosophischer Begriff oder als politische Kategorie genießt sie das geringste Ansehen; selbst die Künstler sind an ihr nicht mehr interessiert, seit sie die Rolle von Sehern, Kündern und Gesellschaftsguerilleros übernommen haben. Das Wort „Schönheit“ taucht in keinem öffentlichen Zusammenhang auf: Die Termini der Ökonomie und des Sozialen, des Funktionalen und des jeweils Neuen oder Sensationellen haben es völlig verdrängt.

Dementsprechend wird das Schöne schon lange nicht mehr als Kriterium betrachtet. Die ehemals selbstverständliche Frage, ob etwas, was im öffentlichen Raum geplant, geschaffen oder gemacht wird, auch schön sei, wird seit Jahrzehnten nicht gestellt.

Und danach sehen die neuen Dinge im öffentlichen Raum denn auch aus.

Ich habe das Thema „Schönheit" im Alleingang in die innerparteiliche und interfraktionelle Diskussion zu bringen versucht. Es war mir nämlich aufgefallen, daß in diesen unzähligen Ausschuß-, Stadtsenats- und Gemeinderatsbeschlüssen über die Finanzierung von Hochbauten, Straßen, Brücken, Beleuchtungskörpern, Parkbänken und weiß der Himmel was noch, und in all den dazugehörigen Aktenunterlagen, Sitzungen und Diskussionen zwar viel von ökonomischen, rechtlichen, polizeilichen, sozialen und funktionalen Kriterien die Rede ist, nie aber davon, ob die Sachen, die da mit Steuergeldern bezahlt werden, auch schön seien — oder wenigstens nicht so häßlich, wie sie es dann allzuoft leider sind. Außerdem war mir aufgefallen, daß das Schöne oder die Schönheit in keinem Parteiprogramm vorkommt.

Vielleicht wäre ich mit meinem scheinbar deplacierten Hinweis auf das nicht vorhandene, aber wünschenswerte Schöne weiterhin im Abseits der Spinner stehengeblieben, wenn ich nicht unverhofften Sukkurs gefunden hätte: Günther Nenning hatte sich in seiner Polemik „Vorwärts zum Menschen zurück" ebenfalls auf die Suche nach der verschwundenen Schönheit begeben und war zu der erstaunlich rigiden und mutigen Feststellung gelangt: „Der Sozialismus, wie er ist, ist häßlich."

Das ist eine buchstäblich vernichtende Formulierung. Schließlich rekurriert ja alles menschliche Denken und Tun auf die zwei fundamentalen Kriterien, ob etwas gut oder schlecht und ob es schön oder häßlich ist. Und nun also sagt der Sozialist Nenning nach sechzig Jahren Sozialismus aller Spielarten (denn Nenning ist redlich genug, zwischen westlichem und östlichem Sozialismus *nicht* zu unterscheiden) klipp und klar, daß der Sozialismus in dieser langen Periode nur Häßliches produziert habe — ich kann mir kein Urteil vorstellen, das eine praktizierende Ideologie noch tiefer und tödlicher treffen könnte. (Es spricht übrigens nicht gerade für unseren innenpolitischen Journalismus, daß er dieses Ergebnis bis jetzt nicht wahrgenommen hat, obwohl es von nachhaltigerer und verheerenderer Bedeutung sein wird als alle diese parteipolitischen Personalquerelen, die den Kommentatoren so wichtig erscheinen.)

Seither fühle ich mich in meiner Schönheits-Spinnerei nicht mehr ganz so allein.

Ich gehe jetzt noch einen Schritt weiter als Günther Nenning — einen unbehaglichen Schritt, ich geb's zu — und sage, daß es keineswegs nur der Sozialismus gewesen ist, der in den letzten fünfzehn oder zwanzig Jahren unsere Welt so viel häßlicher gemacht hat, als sie es bis dahin war; er hat dafür, als Hauptbetreiber der Veränderungen seither, lediglich die politische Verantwortung zu übernehmen. Die volle traurige Wahrheit nämlich ist, daß der Nicht-Sozialismus, also die bürgerliche, konservative und liberale Mentalität, kaum weniger Schuld an diesem Prozeß trägt. Sie mag im privaten Bereich an ästhetischen Traditionen festgehalten haben, in den öffentlichen Räumen hat sie die allgemeine Verhäßlichung genauso begünstigt und gefördert, im besten Fall ohne Protest zugelassen, wie der Sozialismus; auch sie hat sich am Progressivitätswahn infiziert, war von der Betonierungsobsession befallen, hat sich willenlos der verzehrenden Konsumwut hingegeben.

Es ist schade, daß kaum ein Politiker imstande ist, die Zeitumstände und die großen Trends nach kulturhistorischen Maßstäben zu beurteilen, obwohl sich doch beispielsweise aus der von der Kunstgeschichte seit langem sorgfältig ausgearbeiteten Stil-Kunde wahrscheinlich zuverlässigere Parameter erstellen ließen, als etwa die Ökonomie-Wissenschaftler sie derzeit besitzen. Eine einfache Stil-Analyse würde die verwirrende und widersprüchliche Vielfalt der Phänomene, die so zeittypisch sind, verständlicher machen als alle Computer der Zukunfts- und Wirtschaftsforschungsinstitute.

Versuchte man — und ich will's auf skizzenhafte und unzulängliche Weise tun — eine kleine Stil-Kunde der Nachkriegsjahrzehnte zu erstellen, käme man zu folgendem Befund:

Die Zeit zwischen 1945 und, grob gerechnet, 1965 war weithin von nackten Notwendigkeiten bestimmt; es war lebensnotwendig, Grundbedürfnisse zu befriedigen, ein Dach über dem Kopf zu bekommen, die Schüsseln zu füllen und halbwegs sichere Arbeitsverhältnisse zu schaffen. Kultur und Schönheit besaßen da nur insofern Bedeutung, als man das, was von ihnen noch vorhanden war, zu retten, zu sichern und zu restaurieren hatte — die Oper, die Denkmäler, die alten Kulturinstitutionen. Die Produktion neuer Kunst war dem Kurzfrist-Denken dieser Jahre nicht so wichtig. Die sich darum bemühten, junge Leute zumeist, die den Anschluß an das internationale Kunstgeschehen suchten, waren zwar häufig begabt, aber nicht sehr zahlreich, und sahen sich in fast hoffnungslosen Ghetto-Situationen (zur Illustration: es gab damals in Wien nur zwei [!] Galerien und ebensowenige Lokale, in denen man Live-Musik machen durfte). Kulturelle Bedürfnisse beschränkten sich, falls überhaupt vorhanden, auf die Einrichtung der neuen Wohnungen und Geschäfte; Nachahmungen italienischer Designs und Erinnerungen an die Wiener Werkstätten (die sogenannten „SW-Möbel") amalgamierten zu einem spartanisch-heimeligen „Espressionismus", dessen Nierentische und schräge Messing-Stehlampen uns vor einigen Jahren noch als gräßlich erschienen, die wir aber jetzt schon fast mit Rührung betrachten.

Dieser bescheidene Stil, eher ein Stil der Stillosigkeit, wurde in den sechziger Jahren von einem ganz und gar anderen abgelöst, einem, den man nicht anders als Parvenu-Stil bezeichnen kann. Denn als sich nach den Jahrzehnten der Armut und Entbehrungen die Gesellschaft sehr plötzlich und unvorbereitet im Zustand eines unerwarteten Reichtums sah, erging es ihr wie noch jedem, der über Nacht reich wird: sie wußte mit dem Reichtum nichts Rechtes anzufangen. Sie schaffte sich wahllos an, was auf die überfüllten Märkte kam, ließ sich sogar anschaffen, noch mehr anzuschaffen, auch wenn's nicht eigentlich gebraucht wurde

— nun, jeder von uns weiß aus eigener oder fremder Erfahrung genug über diese bis heute andauernde Konsumwut oder Konsumseligkeit.

Entsprechend war das Verhältnis zur Kultur und damit zum Ästhetischen: die Unsicherheit des Parvenus verwechselt das Schöne mit dem Protzigen, das Wesentliche mit dem Auffallenden, das Noble mit dem Aufwendigen; die Saurier-Bauten, das Chrom an den Autos, die halbseidenen Werbemethoden bezeugten das.

Einer der Protagonisten dieses Stils, der ehemalige Bürgermeister Slavik, hatte nicht unrecht, wenn er von einer „Zweiten Gründerzeit in Wien" sprach. Immerhin begann in dieser Stil-Periode doch so etwas wie eine neue Hinwendung zur Kultur: der eine oder andere Minister hielt sich nun einen Künstler oder zeigte sich im Philharmonischen, der Bundeskanzler zitierte Musil und die teure Antiquität wurde zum Status-Symbol der Aufsteiger. Wenigstens als Luxus durfte „die Kultur" (und mit ihr das Schöne) nun eine gewisse Aufmerksamkeit beanspruchen.

Diese Parvenu-Phase endet nun, wenn ich's richtig sehe, in einem ziemlichen Katzenjammer; aus den Räuschen des Konsums erwachend, erkennt man, daß seine Genüsse nicht die wahren gewesen, die ökologischen und psychischen Verheerungen, die er angerichtet hat, aber beträchtlich sind. Ein weit verbreitetes Gefühl sagt, daß da was schiefgelaufen ist: noch nie hat man so viele Wohnungen gebaut, und doch sind die Städte unwirtlich geworden; man glaubte, daß die Motorisierung den persönlichen Freiheitsradius ausweiten würde, und steckt nun im Verkehrsstau fest; und man hat, ganz allgemein, das peinliche Gefühl, daß „das alles" so nicht weitergehen wird. Aber was wird kommen?

Ein Wandel zum „Anderen" kündigt sich an.

Das ist freilich ein grober und feuilletonistischer Stil-Raster, den man vor dem dramatischen Hintergrund globaler und noch dazu in ein spätmanieristisches Millenium-Ende einströmender Denk-Veränderungen sehen muß. Aber ich glaube, daß er für unsere Zwecke halbwegs brauchbar ist, viele sonst eher unverständliche Phänomene verständlicher werden läßt, und zudem eine vorsichtige Extrapolation in die nächsten Jahre österreichischer Kulturentwicklung und ein wenig Trost in puncto „Schönheit" erlaubt.

Der Kulturhistoriker könnte aus der bloßen Abfolge von „Stil der Stillosigkeit" und „Parvenu-Stil" auch ohne weitere Kenntnis von dem, was sich derzeit tut, den Schluß ziehen, daß nun in der Abfolge der Geschehnisse eine Kulturblütezeit denkbar würde; denn so ging's nun einmal in der Geschichte immer wieder zu: daß die Väter Wohlstand schaffen, aber erst die Enkel vernünftigen Gebrauch von ihm zu machen wissen.

Eine solche a priori-Vermutung wird denn auch durch die Kenntnis dessen, was sich in Wien derzeit wirklich tut, gründlich verifiziert.

Es kommen jetzt die geburtenstarken Jahrgänge der (rund) Zwanzigjährigen aus den Schulen und Ausbildungsstätten, und diese Jahrgänge scheinen fürs Kulturelle im weitesten Sinn des Wortes außergewöhnlich disponiert zu sein. Sie haben ein starkes Bedürfnis danach und eine ausgeprägte Neigung zu angemessenen Aktivitäten; noch nie haben junge Leute so viel gedichtet, so viel gemalt, so viel Theater gespielt, so viel Musik gemacht und Kulturaktionismus aller Spielarten betrieben wie jetzt. Gewiß ist noch nicht abzusehen, was daraus an originalen Leistungen resultieren wird, denn diese Jugendszene ist schon dank ihrer Ausdehnung und Vielfalt kaum überschaubar und die Formen, in denen sie sich kundgibt, sind dem Alter entsprechend meist noch unausgegoren, gelegentlich auch sich absurd gebärdend, aber kritische Kunstregeln wird man auf die Produktion von durchschnittlich Zwanzigjährigen sowieso nur in Ausnahmefällen anwenden wollen; auch mögen viele von diesen Aktivitäten nur solange gedeihen, als der öffentliche Wohlstand es erlaubt. Aber ich glaube doch ernsthaft, daß wir in zehn Jahren, wenn diese Jungen dreißig sind und damit das Alter erreicht haben, in dem der gestaltende Mensch normalerweise reif wird, eine Art von Kultursprung erleben werden. Dafür spräche übrigens auch eine andere historische Analogie, die nämlich, daß Österreich immer um die Jahrhundertwenden herum seine großen Jugend-Stile fand, siehe Barock, Biedermeier und Secessionismus. Rational ist das freilich schwer erklärbar, aber solche Sachen gibt's halt.

Solchermaßen kann man, glaube ich, für das Schöne wieder Hoffnung schöpfen: Die Jungen, von denen hier die Rede ist, befinden sich auf dem Weg dahin; sie alle sind oder fühlen sich „grün" oder „alternativ", aber was steckt an Substanz hinter diesen Vokabeln? Man kann es nicht oft genug sagen: Nichts anderes als der Drang in eine „andere", wärmere, sanftere, „natürlichere", kurz, eine *schönere* Welt, die, natürlich, auch eine freiere

Welt sein muß oder soll; nahezu alle Manifestationen, Slogans und oft skurrilen Äußerungen der Grünalternativen sind auf diese Vorstellung gerichtet.

An diesem Punkt, an dem auch Nenning ansetzt, bekommen alle Überlegungen über die Verhäßlichung unserer Welt und die scheinbar endgültig verschwundene Schönheit endlich politisches Gewicht — und was für eines! Denn nur von diesem Punkt aus wird sich die vielleicht einzige Brücke zwischen unserer Demokratie und den durchwegs politikverdrossenen, ja politikfeindlichen jungen Jahrgängen bauen lassen. Die Kluft zwischen ihnen und den Älteren ist ja keine soziale, keine ökonomische, nicht einmal eine tatsächlich politische. Sie ist eine kulturelle.

Freilich finden sich die Jungen — und damit meine ich nicht nur die an Jahren Jungen — in einer Situation, die für sie keineswegs einfach ist: sie haben, so definierte ich es, ein starkes Verlangen nach dem Schönen, sie wollen dieses Verlangen verwirklichen und sie versuchen dies auf ihren neuen, auf anderen, auf zugegebenermaßen oft uneinsichtbaren Wegen. Viele und gerade die Besseren und Unternehmungslustigeren unter ihnen wollen etwas machen, das schöner ist: sie wollen etwas erfinden, Aktivismus entfalten, sich selbständig machen oder auch nur einfach auf ihre Weise leben — und bei jedem Schritt stoßen sie auf komplizierte Vorschriften und fixierte Normen, die sie, mit dem Recht der Jugend auf Naivität und Direktheit, nicht verstehen, und deren Sinn denn auch oft verlorengegangen ist. Sie stoßen auf Zunftzwänge und closed shops; sie sehen und hören, daß die Politik und die Politiker in einem unfreien, bürokratisch-abstrakten Ritualspiel verharren, das sie als unschön, ja abstoßend empfinden. So fallen für sie die Begriffe Unfreiheit und Häßlichkeit in eins zusammen.

Das ist eine Situation, die politisch keineswegs ungefährlich ist. Die Sehnsucht nach dem Schönen und das Verlangen nach Freiheit können, wenn sie nicht rechtzeitig gestillt werden, eine sehr brisante Mischung abgeben, den fruchtbarsten Nährboden bilden für Anarchisches, ja Anarchistisches: Symptome für eine mögliche Entwicklung in diese Richtung gibt es ja genug.

Die Politiker — von ein paar Ausnahmen abgesehen — verstehen das leider nicht. Eine jener Ausnahmen schlug kürzlich einem Spitzenmann der Volkspartei diese meine Schönheits-Frage zur Überlegung vor. Der Spitzenmann winkte ab: Das sei „kein Thema". Ähnlich verhalten sich die SPÖ-Spitzen gegenüber Günther Nenning. Sie werden sich alle noch wundern, hüben wie drüben.

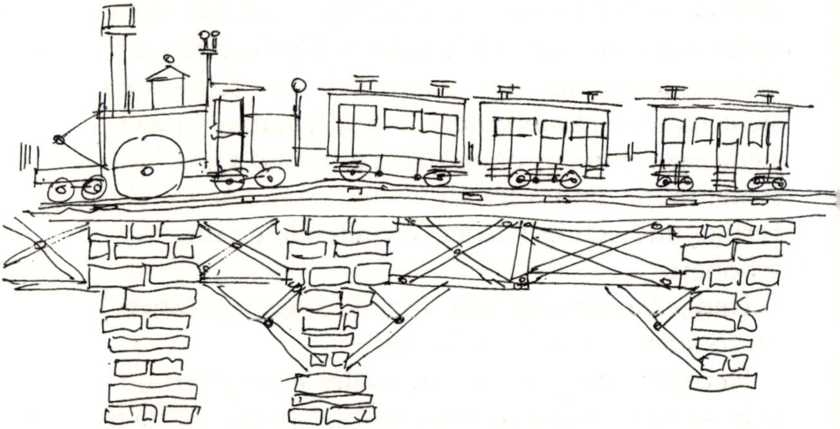

So kann's doch nicht weitergehen

(1981)

Dieser Tage bin ich im Zug nach Graz gefahren. In dieser Jahreszeit zeigt sich die Gegend gewissermaßen noch nackt: der Schnee verdeckt nicht mehr den grauslichen Mist, der sich beiderseits der Geleise gesammelt hat; und durch das Zugfenster sieht man in Hinterhöfe, auf Lagerplätze, in Versiedlungen hinein, ohne daß Laub und Gras Verschlampung und Verwahrlosung, das noch nicht Fertige und schon wieder Verfallende gnädig verschönerte.

Und je länger man fährt (und je öfter man fährt), umso stärker wird das Gefühl:

Herrgott, das müßte doch alles einmal gründlich saniert werden! Da müßte doch endlich eine Periode, eine Phase, eine Pause kommen, in der alle diese Malheurs aus den vergangenen Hochkonjunkturjahrzehnten gründlich repariert werden . . .

Oder soll das so weitergehen? Soll auch noch das letzte Stück Landschaft versiedelt, das letzte Ortsbild verschandelt, der letzte Berg von einem Sessellift, auch noch der letzte Hügel von einer Starkstromleitung ruiniert werden? Bis es nur mehr Kanäle statt Bächen, Mülldeponien statt Wiesen gibt?

So kann's doch nicht weitergehen, sagen einem die pure Vernunft und ein Instinkt, der Verwirrung und unbestimmte Bedrohung spürt.

Und wenn man dann, an der Meidlinger und

Margaretner Kulisse entlang, zurück in den Südbahnhof fährt, sieht man's deutlicher denn je:

Nichts braucht diese Stadt so dringend wie eine gründliche Reparatur.

Neuer Stadtautobahnen bedarf sie so dringend wie die Mona Lisa eines Kropfs, und weitere Beton-Großbauten hat sie so nötig wie ein Bauernhof ein Rudel von Sauriern.

Unglaublich und erschreckend viele Dinge sind in einem großen Akt der gemeinsamen Anstrengung zu reparieren, wieder in Ordnung zu bringen und zu heilen: Haus um Haus, Straße um Straße, Stadtteil um Stadtteil.

Und dieser Satz gilt nicht nur für die Dinge.

Verbessert werden muß das miserable Verhältnis des Bürgers zur Politik — und sei's auf Kosten der Politiker;

die Angst der Städter vor der eigenen Stadt bedarf einer Kollektiv-Psychotherapie;

das verhatschte Verhältnis zwischen den Politikern (da geb' ich freilich die Schuld daran allein den Roten und ihrer Erstarrtheit), aber auch zwischen den Politikern und jenen vielen Initiativ-Gruppierungen, die sich (warum wohl?), außerhalb der Parteien zu bilden beginnen, schließlich aber auch die vielfachen Störungen und Bedrohungen der alltäglichen nachbarschaftlichen Beziehungen von Bürger zu Bürger — auch das alles muß repariert, geflickt, restauriert werden.

Die Stadt Wien hat vermöge ihrer geographischen Extremlage und infolge ihrer komplizierten Geschichte schon immer einen hohen Lebensdruck auf ihre Einwohner ausgeübt; Heuriger und Lipizzaner, Sängerknaben und Opernball täuschen nicht darüber hinweg, daß das Leben in Wien seit eh und je schwierig war; sie beweisen es eher, wenn auch auf reichlich vertrackte Weise.

Aber jetzt ist, aus Schuld einer verharschten und versteinerten Kommunalpolitik und vermehrt durch die Drohung schlimmer Zeiten, dieser Lebensdruck nachgerade lebensgefährlich für die Stadt geworden.

Jeder praktische Arzt, jeder Steuerberater, jeder Lehrer und im Grunde wir alle wissen (oder spüren es doch), daß diese sonderbare Welt der Frustrierten und Gehetzten, der Valiumschlucker, Infarktbedrohten, der teils lethargisch und anderteils aggressiv Gewordenen aus einem einzigen Punkt zu kurieren wäre: wenn sie nämlich zeitweise Urlaub nähme vom Fortschritts-Zwang. Wenn sie eine befristete und bewußte Progressions-Unterbrechung einschaltete, eine Pause des Atemholens und der Großen Reparatur.

Ich weiß, daß sowas nicht „realistisch" gedacht ist — aber ein zehnjähriger Neubau-Stop (zugunsten der Altstadt-Reparatur) wäre ein Segen für Wien, und wäre es nicht nur für die Stadt, sondern auch für die Architektur, eine Ausdünnung des Autoverkehrs ein Glück für die gesamte Gesellschaft, und nichts wäre gesünder für Wien, als ein langer, langer Urlaub für alle beamteten Planungs-Technokraten.

Vorauszusehende Einwände gegen diese Thesen:

Einwand 1: ein Progressions-Verzicht gefährdet Arbeitsplätze. Antwort darauf: der Bau eines Beton-Silos erfordert einige Maschinen und eine Handvoll Hilfsarbeiter, die Reparatur eines Altbaus aber eine Schar qualifizierter Handwerker.

Einwand 2: Dies alles sei Idyllik, Romantizismus und ein lediglich kosmetisches Programm. Antwort: *Auch Ästhetik kann zur politischen Kategorie werden;* und es ist ja nicht die Rede davon, daß wir in die Bäume zurückkehren sollten, sondern davon, daß die vorhandenen Bäume — Bäume als Symbol gemeint — gepflegt und vielleicht ein paar Bäume neu dazu gepflanzt werden sollten.

Einwand 3: Progressions-Verzicht sei gleichbedeutend mit restaurativem, ja reaktionärem Denken. Ebenso demagogische Gegenfrage: Ist das Abholzen von Bäumen unter den gegebenen Umständen ein progressiver oder reaktionärer, das Baumpflanzen aber ein restaurativer oder fortschrittlicher Akt? Oder ist in beiden Fällen das Gegenteil wahr?

Einwand 4: Das Verlangen nach Progressions-Unterbrechung bedeute ein Einfrieren gesellschaftlicher Zu- und Umstände in einem (keinesweg befriedigenden) Status quo.

Antwort?

Allerdings.

Nur: Was wir nicht mit Vernunft vorwegnehmen, um es schon im Vorgriff zu bewältigen, wird uns unvorbereitet und umso schmerzhafter treffen.

Der häßliche Sozialismus

(1983)

„Der Sozialismus, wie er ist, ist häßlich", schreibt Günther Nenning in seiner Streitschrift „Vorwärts zum Menschen zurück".

„Sozialistische Kultur, Kunst, Literatur, Architektur, das gibt es nicht . . . Bürgerliche Kultur, Kunst, Literatur, Architektur — das gibt es . . . Sie begeistert durch Fülle, Verschiedenheit, immer neue Potenz . . ." Natürlich sei sozialistisch *gesinnte* Kultur in Fülle vorhanden, aber die habe ihre Wurzeln nicht in der Arbeiterklasse, sondern sei Importware, eingebracht von bürgerlichen Intellektuellen, Sympathisanten, und somit ihrem Wesen nach halt doch nicht originär sozialistisch.

„Der Sozialismus ist häßlich" — er ist es laut Nenning in Moskau wie in Wien: *„Die Wut gegen alles Alte und Schöne ist nicht nur im Staatssozialismus auffällig — der damit seine Minderwertigkeitsgefühle kompensiert. ‚Olde Hütt'n', ‚Rotzenstadl' niederreißen und Gemeindebauten, deren Phantasie-, Gesichts- und Ideenlosigkeit getreues Spiegelbild der wohlmeinenden sozialdemokratischen Bauherren"* ist — Nenning denkt redlich genug, um mit seinem Diktum gleichermaßen den realen östlichen wie den realen westlichen, insbesondere aber den Wiener Sozialismus zu belegen. Womit er, der österreichische Sozialdemokrat und Immernochsozialist, so nebenbei ein Tabu bricht, das hierzulande auch von den Gegnern des Sozialismus ängstlich gewahrt wird: nämlich nur ja nicht über die Gemeinsamkeiten und Identitäten

von östlichem Staats- und dem demokratischen Sozialismus des Westens zu sprechen.

Daß der Sozialismus, wie er ist (aber so ist er nun einmal), häßlich sei, ist eines von den zwei schlimmsten Urteilen, die man über ihn fällen kann: drei, vier, fünf Generationen sozialistischer, sozialdemokratischer, kommunistischer Herrschaften, Regierungen und Machtausübung — und am Ende nichts, aber auch gar nichts Schönes? Das zweite schlimmste Urteil wäre, daß er schließlich auch nichts Gutes bewirkt habe, oder doch nicht mehr Gutes als Böses; aber darüber wird die Geschichte erst später entscheiden, und wir alle, die wir, weil in einem sozialistisch geprägten Zeitalter lebend, in der einen oder anderen Weise an ihm teilhaben, können nur hoffen, daß ihr Urteil in diesem Punkt gnädiger sein wird.

Aber der lakonische Häßlichkeitsbefund, der ja weiß Gott tausendfach und täglich und vor jedermanns Augen belegbar ist, ist dramatisch genug: als Bankrotterklärung, als todtrauriges Fazit, als Schlußpunkt.

Nennings Antworten auf die naheliegende Frage, warum dem so und nicht anders ist, laufen darauf hinaus, daß sich der Sozialismus teils von *„den Bürgerlichen"*, teils vom *„Kapitalismus"* habe vereinnehmen lassen, andererseits Marx falsch interpretiert oder seine Lehren nicht im rechten Sinne befolgt worden seien — und so sei es dann eben zwangsläufig zur Häßlichkeit gekommen. Da wird kühl *„das Bürgerliche"* als Gegensatz zum *„Sozialismus"* zitiert, obwohl doch der letztere eine Doktrin, eine Ideologie oder eine Lehre ist, und zwar der Regel nach eine parteigebundene, während das Adjektiv „bürgerlich" lediglich eine mehr oder weniger bestimmte Art beschreibt, in der einer lebt oder leben möchte; aber selbst wenn man es, marxistisch, als Bezeichnung einer Klasse nähme, käme man nicht zu klaren Gegenüberstellungen, denn eine Klasse ist „der Sozialismus" ja wohl auch nicht. Da ließe sich eher noch mit dem „Konservativismus" als Gegensatz argumentieren, aber den vermeidet Nenning, und mit Recht, denn wenn einmal ein Begriff auf so verschiedene Phänomene wie Benya, Thatcher, Kärntner Heimatbund und auf einen Teil der Grünen anwendbar ist, taugt er zur Charakterisierung gar nichts mehr. Wirklich, es wäre an der Zeit, all diese Vokabeln nur noch in historischen Zusammenhängen zu verwenden. Zur Beschreibung der Realität sind sie einfach unbrauchbar.

Auch die andere unvermeidliche Frage, woher aber das so notwendige, so schmerzlich vermißte Schöne denn nun, nach Jahrzehnten sozialistisch-kapitalistischer Kahlschläge, kommen solle, wird von Nenning nicht eben schlüssig beantwortet. Er hofft, soviel ist klar, auf die Jungen, die Grünen, die Spinner, die Irrationalisten, auch auf eine sanfte Verschwörung intellektueller Postmaterialisten, für die er den Terminus *„Kopfarbeiterklasse"* erfindet. Die würden, so ungefähr seine Hoffnung, aus ihren Träumen schon irgendwie das neue Schöne erschaffen (und das Gute gleich dazu).

Das ist sehr romantisch gedacht, wie Nenning sich seinen *„neuen Sozialismus"* vorstellt, wird aber nicht so gehen. Schönheit ist nicht auf demokratischem Weg herstellbar, und auf basisdemokratischem schon gar nicht. Die Quelle des Schönen war und ist in jedem Fall eine elitäre — wobei es im Prinzip so ziemlich aufs selbe hinausläuft, ob sie einem im Dachstübchen hausenden und seinem Verhalten nach fast asozialen Singulär-Genie oder aber den Luxusbedürfnissen einer Feudalschicht entspringt, um später, nach dem Gesetz des sinkenden Kulturgutes, auch zur Masse oder zum Volk oder der „Gesellschaft" hinunter zu sickern. An dieser simplen Erkenntnis aus so und so vielen Jahrtausenden von Kunst- und Kulturgeschichte kommt man nicht vorbei; sie zu umgehen oder diesen Vorgang umzukehren, ist den Theoretikern des Sozialismus nie gelungen, und seinen Pragmatikern auch nicht; er kann das Schöne kritisch in Frage stellen und es denunzieren, er vermag es zu verhindern und zu unterdrücken (die *„Wut gegen alles Alte und Schöne"*), er kann es, wo er zur Diktatur wird, in „Kulturrevolutionen" und Bilderstürmen vernichten — aber schaffen kann er es nicht. Nenning hat recht, wenn er das *„eine furchtbare Tatsache"* nennt.

Ich schätze die Grünen und Alternativen (die hiesigen, weniger die deutschen) sehr, ich sympathisiere mit ihnen, ich freue mich über die Schnelligkeit, mit der sie Probleme ansprechen, an denen die etablierte Politik vorbeigeht, die Unbekümmertheit, in der sie die Wurzeln der Dinge suchen, den Ernst, mit dem sie Ehrlichkeit fordern und zeigen. Aber ich glaube nicht, daß sie, so wie sie sind, je imstande sein würden, Kultur und somit auch neues Schönes zu schaffen; die Grünen sind imstande, neue Häßlichkeiten zu verhindern, aber ihre Motivation beschränkt sich, wichtig genug, auf das Erhalten und Konservieren; und die Alter-

nativen träumen zwar von einer neuen Kultur, mögen aber die alte nicht — die sozialistische *Wut auf alles Schöne* ist ihnen (obwohl da in der letzten Zeit eine Wandlung vor sich zu gehen scheint) vom Sozialismus genauso geblieben wie die Vorstellung, daß man auch Kultur aus Basis-Konsensen gewinnen könne; die Argumente, die Nenning gegen die antikulturelle Tendenz des Sozialismus in allen seinen Formen vorbringt, gelten, leider, auch und erst recht für die Alternativen. Nein, von dort wird das Schöne, nach dem er und so viele sich sehnen, nicht kommen. Das Romantische ist, die Kunstgeschichte beweist das zur Genüge, ein Stil, eine Reaktion, eine Strömung innerhalb von Kulturen. Sie steht niemals an ihrem Ursprung, sondern setzt deren Existenz voraus.

Und doch ist das grün-alternative Syndrom von enormer Bedeutsamkeit, dann nämlich, wenn man's als einen wichtigen oder sogar den interessantesten Indikator für eine allgemeine Sehnsucht nach mehr Schönem betrachtet. Unsere Welt ist — Nenning beschreibt das ausführlich — in den letzten dreißig Jahren sehr viel häßlicher geworden und wird es täglich noch mehr, in einem Maß, das die kollektiv-psychischen Erträglichkeitsgrenzen zu überschreiten beginnt. Ich glaube, daß sehr viele anders nicht erklärbare Phänomene unseres gesellschaftlichen Lebens eben darin ihre Ursache haben: die Neigung zur Flucht aus der häßlich gewordenen Stadt; die emsig zitierte Politikverdrossenheit, die sich nicht so sehr gegen die Politik und die Politiker als gegen ihren unschönen Stil, gegen ihre häßliche Sprache richtet; die steigende Aggressivität im Alltag, die durch keine Kultur-

Regelhaftigkeit eingedämmt wird; die verzweifelten Bürger-Initiativen, die sich ja durchwegs gegen nichts anderes zur Wehr setzen als gegen neue Verhäßlichungen, und so weiter, von Irritation zu Irritation. Ich denke, daß diese meine Behauptung leicht beweisbar wäre: Eine genügend fundierte, solide Meinungsforschung würde dazu wahrscheinlich schon genügen.

Das ist es, was die Grünen und die Alternativen und die sanften Verschwörer im Grunde und über die jeweiligen aktuellen Anlässe hinaus erträumen und wünschen: eine schönere oder wenigstens nicht noch häßlichere Welt. Und darum sind sie wichtig: Sie helfen mit, das Schöne wieder zu einer politischen Kategorie zu machen.

„Schönheit und Politik sind absolute Gegensätze", schreibt Nenning. Aber das ist nicht wahr. Das stimmt nicht für die von ihm — wofür er bedankt sei — zitierten alten Griechen, die auch ihre politischen Parteien hatten, das stimmt nicht einmal für die Politik der Ersten Republik (denn die Gemeindebauer damals wußten noch recht gut, was „schön" ist, auch wenn's dann nicht eigentlich „sozialistisch" war, was sie produzierten). Das trifft erst auf die Parteien des spätindustriellen Zeitalters und vor allem auf die der letzten Zeit zu.

Es gibt keinen vernünftigen Grund, warum die Politik, die Politiker oder eine Partei grundsätzlich gegen das Schöne und für das Häßliche eintreten sollten, außer natürlich Borniertheit, Beschränktheit und mangelndes Geschichtsverständnis, aber das sind ja keine vernünftigen Gründe.

Die Frage nach dem Schönen nähert sich allerdings einem der Kreuzungspunkte, an denen sich das weitere Schicksal der Parteien entscheiden wird. Und es kann schon sein, daß die Wiederentdeckung des Schönen als politische Kategorie die Parteien möglicherweise bis in die Fundamente ihres Selbstverständnisses erschüttern und verwirren wird, denn es sind in keinem Lager viele Köpfe vorhanden, die mit ihr umzugehen wüßten.

Und so mag es schon auch dahin kommen, daß für den Sozialismus die Schönheit des Schrecklichen Anfang wird, nämlich seines Niederganges.

Ich habe mich beim Günther Nenning persönlich zu bedanken. Erstens für dieses kleine Buch, das ich trotz aller seiner Subjektivismen und Marotten für das Gescheiteste und Anregendste halte, was seit Jahrzehnten zur gegenwärtigen Politik geschrieben wurde.

Und zweitens, weil es mir hilfreich ist. Als ich das erste Mal im Gemeinderat über das notwendig Schöne sprach, erntete ich leises Gelächter („halt ein Intellektueller") und die bürgermeisterliche Zwischenruf-Frage, ob ich denn eine „Reichsschönheitskammer" wünschte (natürlich nicht, aber die Frage ist typisch in ihrer Ängstlichkeit). Als ich das zweite Mal zu diesem Thema sprach, folgte nicht mehr Lächeln, sondern eine Debatte mit dem Kulturstadtrat Helmut Zilk, die von einer lieben Oppositionskollegin im nachhinein als *„vielleicht ein bisserl zu intelligent"* befunden wurde. Bei der dritten Gelegenheit benützte ich die Nenningschen Sätze, brauchte infolgedessen über Mangel an Aufmerksamkeit nicht mehr zu klagen, und bekam als Gegenargument eigentlich nur zu hören, daß es andere Sozialisten als ihn ja auch noch gebe.

Was natürlich zutrifft.

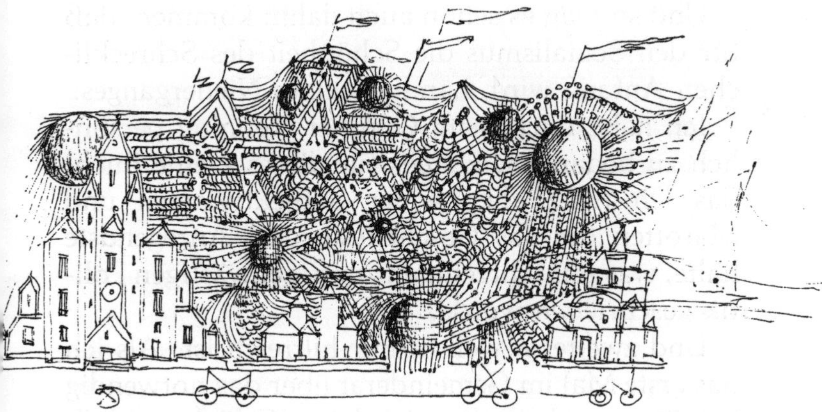

Zur Vorgeschichte des Schönheits-Manifestes: im „Wiener Journal" vom April 1981 machte ich in einem Artikel die mich selbst ziemlich frappierende Feststellung, daß der Begriff „Schönheit" im politischen Alltag nicht die geringste Rolle spielt.

Er dient nicht einmal als Kriterium bei Architekturwettbewerben, Stadtplanungsüberlegungen und ähnlichen Entscheidungsprozessen. Einmal zu diesen Feststellungen geraten, habe ich sie, zum Verdruß von Politikern und Beamten, aber mit wachsender Zustimmung von Freunden und Lesern, in Gemeinderatsreden und Artikeln fortgesetzt, und je länger ich das tat, umso deutlicher wurde das Gefühl, hier auf ein wichtiges Thema gestoßen zu sein.

Von einer ganz anderen und gegensätzlichen, nämlich einer sozialistischen Position aus, hat kurz darauf Günther Nenning, gewissermaßen in prästabilierter Harmonie, auf dasselbe Ziel hin zu argumentieren begonnen. So kam's dann zu einer Kollaboration zwischen uns beiden, die hoffentlich dazu taugt, dem Thema allgemeines Interesse zu verleihen. Tatsächlich haben wir beide seit einiger Zeit das anstrengende Vergnügen, ständig bei irgendwelchen Podiumsdiskussionen oder Symposien auftreten und dem Schönen das Wort reden zu müssen, ohne dabei viel Widerspruch zu finden; selbst der ORF hat sich, übrigens ohne unser Zutun, entschlossen, das Thema aufzugreifen und eine Sendung über das merkwürdige Phänomen zu machen, daß sich da zwei Leute von höchst unterschiedlichen Überzeugungen zusammenfinden, um einen Begriff wieder zu einer politischen Kategorie zu machen, der seit Jahrzehnten aus dem öffentlichen Bewußtsein verschwunden war.

Schönheits-Manifest
(1984)

Das schöne Land Österreich wird immer häßlicher.

Die Betonierwut der Technokraten; die Gefühllosigkeit der Politiker; die Brutalität zügelloser Produktion; die ebenso große Lüge vom Konsumglück; eine allen politischen Lagern gemeinsame Verachtung von Geist, Vernunft und menschlichem Gefühl haben es dahin gebracht:

. . . unsere Städte sind häßlich und unwirtlich geworden;

. . . unsere in Jahrhunderten gewachsenen Kulturlandschaften werden zerschnitten, verwüstet, zerstört;

. . . unwiederbringliche Naturschätze werden verbetoniert, verstümmelt, dem kommerziellen Ausverkauf preisgegeben;

. . . alle jene Tugenden sterben aus, ohne die eine Gesellschaft nicht gedeihen kann. Verroht und verwahrlost sind Sitte, Sprache und Gefühl für nachbarschaftliche Solidarität.

Wir stellen traurig fest, daß das Schöne in keinem Parteiprogramm auch nur erwähnt wird.

Das Schöne wie das Gute sind aber die beiden fundamentalen Maßstäbe allen menschlichen Tuns und Denkens.

Die pausenlose Verhäßlichung unserer Welt ist ein Skandal. Machthaber sind ja oft unerquicklich, aber die früheren haben wenigstens Schönheit hinterlassen. Die heutigen zerstören sie.

Wir zweifeln nicht daran, daß sich die Frage nach der Schönheit sehr bald zu einer Überlebensfrage nicht nur der politischen Parteien, sondern unserer Demokratie überhaupt entwickeln wird. Der Widerwille gegen die Verhäßlichung unserer Welt wird in vielfältigen, auch politischen Formen immer deutlicher; in steigender Alltags-Aggressivität, zunehmender innerer Emigration aus dem Leben der Gesellschaft, immer größerer Entfremdung vor allem der jüngeren und sensibleren Menschen von der herkömmlichen Politik.

Ein Zeitalter geht zu Ende, ein neues beginnt. Die Menschen merken es, die meisten Politiker nicht. Die tägliche Vernichtung von Schönheit muß aufhören.

Wir fordern alle politisch Tätigen, die Parteien, aber auch unsere Journalistenkollegen in allen Medien, auf, dem Schönen Aufmerksamkeit, Schutz und Hilfe zu gewähren.

Wir fordern die Machtausübenden auf allen Ebenen, vom Minister bis zum Sachbearbeiter, vom Landeshauptmann bis zum Bürgermeister der kleinsten Gemeinde, vom Kammerpräsidenten bis zum Betriebsrat, auf, alles was in ihrer Macht und in ihrem Einflußbereich steht zu unternehmen, um eine Vermehrung der Häßlichkeiten zu verhindern.

Wir verlangen, daß die Schönheit in ihre uralten Rechte wiedereingesetzt wird.

Jörg Mauthe *Günther Nenning*

Lebensunlust und Kulturpolitik

(1980)

Man hat mich gebeten, zu Ihnen über das Thema „Kultur und Kulturpolitik" zu sprechen, und ich habe diese Einladung sehr gerne angenommen, obgleich ich nicht sicher bin, daß ich alle Ihre Erwartungen werde erfüllen können. Denn ich werde nichts besonders Tiefgründiges noch — wie's bisweilen von mir erwartet wird — Heiter-Ironisches vorbringen, sondern nur ein paar ganz einfache und pragmatische Überlegungen.

Andererseits brauchen Sie auch keine Angst davor zu haben, daß ich mich in tiefgründige Spekulationen und Abstraktionen stürzen werde — davor hab' ich, nach dem Besuch vieler Kultursymposien und geistvoller Diskussionen, selbst viel zu viel Angst.

Es gibt ja wohl auf dieser Welt keinen Begriff, über den sich's so ausschweifend reden und argumentieren läßt wie dem der Kultur — überhaupt, seitdem sich die Politologen und Soziologen über ihn hergemacht und ihn bis zur völligen Unkenntlichkeit entstellt haben. Wenn man aus diesem Wust von Abstraktionen herauskommen will, wird's gut sein, ein bißchen radikal zu denken und zu den einfachsten und ursprünglichsten Bedeutungen dieses Begriffes zurückzukehren; damit man überhaupt einmal weiß, wovon man spricht.

Also: das Wort „Kultur" stammt vom lateinischen „colere" ab und bedeutet weiter nichts als „Pflege" — und zwar Pflege im Sinne etwa des

Bodens, der Veredelung von Pflanzen, Bäumen und Tieren.

In einem schon etwas abstrakteren, aber noch immer sozusagen ziemlich erfaßbaren Sinne könnte man sagen, daß Kultur aus den Gepflogenheiten oder Sitten besteht, unter denen oder mit denen ein Mensch, eine Gruppe von Menschen, ein Stamm, ein Volk leben; und nach denen sie produzieren. Das ist eine Definition, mit der Historiker, Ethnologen, auch Soziologen durchaus arbeiten, und mit der ein Vertreter des statischen Konservatismus — etwa ein konfuzianischer Chinese — zufrieden sein könnte. Ein politisch Denkender freilich, aber auch die meisten Künstler und schließlich alle jene von uns, die meinen, daß die Welt niemals stillsteht, sondern läuft und läuft, werden mit dieser Definition nicht ganz zufrieden sein und sie deshalb — übrigens durchaus im Einklang mit der Wortwurzel — mit einem sozusagen aktiven Akzent versehen. Für sie würde die Formel für „Kultur" vielmehr so lauten:

Kultur ist die Summe aller Möglichkeiten, auf die jeweils bessere oder beste, menschlichere oder menschlichste, schönere oder schönste, angenehmere oder angenehmste und schließlich vernünftigere oder vernünftigste Weise sein Leben zu führen. Punktum.

Das ist, ich weiß es, ein trivialer Satz.

Aber er genügt, glaube ich, vollkommen, um daraus jedes benötigte Quantum aktueller Kulturkritik und Kulturpolitik abzuzapfen.

Leben wir so vernünftig, wie es uns möglich wäre?

Verhalten wir uns so mitmenschlich, wie es — in

unserem eigenen Interesse — vernünftig wäre?

Wählen wir die jeweils bessere oder beste Möglichkeit, um zur jeweils menschlicheren oder auch nur angenehmeren oder schöneren Lösung — etwa im weiten Bereich der Umweltgestaltung, des Bauens, der Freizeitgestaltung — zu gelangen?

Machen wir, relativ reich geworden und von der Technik mit vielen Hilfen versehen, rechten Gebrauch von diesem Reichtum und von diesen Hilfen, um zu mehr Kultur, also zu mehr mitmenschlicheren, vernünftigeren, angenehmeren, schöneren Gepflogenheiten zu gelangen?

Ich überlasse es Ihnen, jedem für sich, diese Quizfragen zu beantworten, bin aber ziemlich sicher, daß dabei ein recht einhelliges Nein herauskommen wird. Die Wahrheit ist doch, daß wir zwar in materiell sehr günstigen Umständen, aber in einem psychisch keineswegs erfreulichen Zustand leben; unser Wohlstand hat weder zu einem allgemein sozialen Wohlverhalten, noch zu einer Vermehrung individueller Wohlgefühle geführt. Eher zum Gegenteil: Kälte, Desinteresse und Aggressivität gegenüber dem Nachbarn sind fast zu Stilelementen unseres Alltagslebens geworden; Neurosen, Frustrationen, paranoide oder schizoide Verhaltensweisen sind, jeder praktische Arzt — und nicht nur in den Großstädten — wird das bestätigen, epidemisch geworden, zu richtigen Volkskrankheiten sozusagen, ablesbar an den steigenden Ziffern der Drogenabhängigen, den Schäden durch sinnlosen Vandalismus und manchen anderen Indikatoren. Wir haben sogenannte Repressionen auf allen Lebensgebieten, im Kindergarten, in der Familie, in der Schule abgeschafft —

mit dem Erfolg, daß in den Schulen und Familien Depressionen alltäglich geworden sind.

Insgesamt sind dies alles Erscheinungsformen ein und desselben negativen Gefühls — nämlich einer enormen Unlust, die uns überfallen hat, eines völligen Mangels an Lust, der in alle Bereiche des täglichen Lebens hineinreicht. Sie alle kennen nicht nur die Schlagworte von der Politikmüdigkeit und der Demokratieverdrossenheit, sondern auch die von Arbeitsleid — was heißen soll, daß Arbeit sozusagen a priori mit Unlustgewinn verbunden ist —, von Leistungsdruck und Leistungszwang, von Streß und Frustration und so weiter. Unsere Zivilisation ist in den letzten zwei Jahrzehnten ungeheuer erfinderisch gewesen in der Produktion solcher Vokabeln, die zu guter — oder vielmehr zu schlechter — Letzt alle aufs nämliche hinauslaufen: auf die Feststellung, daß wir alle miteinander keine Lust an der Welt haben.

Die Lage ist grotesk. Wir haben mehr Geld denn je, um uns Dinge leisten zu können, deren Besitz früher immer mit Lust verbunden war — etwa Wohnung, Eigentum, Sicherheit. Wir haben mehr Freizeit und Freiheit als jede andere Zivilisation vor uns, um uns dem Genuß, dem Vergnügen der eigenen Individualität widmen zu können — aber wir haben keine Lust dazu; keine Lust, schöner, besser, vernünftiger, humaner, angenehmer, sinnvoller und sinnerfüllter zu leben.

Im Gegenteil: Wenn wir an etwas Lust haben, so höchstens daran, alles das, was uns Unlust bereitet, noch zu vermehren; noch mehr Natur zu verschandeln, noch mehr zu hetzen, noch mehr Herzinfarkte, Drogensüchtige, Autos und Autobahnen,

Abgase, überflüssige Waschmittel und Streßfaktoren zu erzeugen. Nur ganz nebenbei soll darauf hingewiesen sein, daß auch die Hochkulturproduzenten — nämlich die Künstler und Literaten und Regisseure und was da noch alles dazugehört — ihren Ehrgeiz, sehr zum Unterschied von allen bisher gewesenen Kulturepochen, dareinsetzen, unter allerlei ideologischen Vorzeichen Dinge zu produzieren, die auf Lustminimierung und Unlustmaximierung berechnet sind. Das hat's, wie gesagt, in so geballter Form vorher nie gegeben, und man möchte manchmal glauben, daß im Gegensatz zum alten Rom, das angeblich an allzuviel Lust untergegangen ist, unsere Zivilisation oder Kultur alles daran setzt, an der Unlust kaputtzugehen.

Und gerade an diesem Punkt, glaube ich, muß eine wohlverstandene Kulturpolitik ansetzen —

und genau bei dieser Erkenntnis gerate ich schon ins Stocken, denn was, bitte, ist denn eigentlich Kulturpolitik? Woran denkt man, wenn man dieses Wort hört?

Im Grunde genommen, an nichts anderes, als an das, was man im allgemeinen als „Förderung von Kunst und Wissenschaft" bezeichnet; an ein System von Subventionen, das zu einer Zeit, da das Mäzenatentum in die öffentliche Hand übergegangen ist, die Kunst und die Künstler am Leben erhält, finanziert, unterstützt, allenfalls propagiert. Das eigentlich Politische besteht allenfalls in der Überlegung, daß man aus parteipolitischen Gründen vielleicht die eine Richtung oder Art von Künstlern ein bisserl mehr fördert als die andere, daß man versucht, diese Förderung in den Dienst der Imagepflege der jeweils eigenen Partei zu stellen, und schließlich darin, daß der Kulturpolitiker versucht, für sein Ressort genug herauszuwirtschaften, so daß es gegenüber den anderen Ressorts nicht in peinlicher Weise zu kurz kommt. Alles ganz legitime, mit demokratischen Spielregeln vereinbare Sachen.

Doch angesichts des allgemeinen Zustandes, in dem wir uns oder genauer gesagt: die westliche Kultur sich befinden, angesichts dieses gefährlichen Unlust-Zustandes, den ich vorhin mit ein paar Stichworten zu skizzieren versucht habe, angesichts dieses Zustandes ist halt alles, was sich derzeit Kulturpolitik nennt, einfach viel zu wenig. Das ist grad so, wie wenn ein Kind während einer verheerenden Überschwemmung Papierschifferln aufs Wasser setzt.

Zweifellos ist es sehr nützlich, einen begabten Maler mit einer Subvention zu fördern.

Aber was ist mit der Vandalismus-Welle, die täglich und stündlich Parkanlagen zerstört, öffentliche Einrichtungen kaputtmacht, Kunstwerke ruiniert? Ist das nicht auch ein Problem der Kultur und also der Kulturpolitik?

Wunderbar, daß ein Dichter oder Denker nach sorgfältiger Prüfung einen Preis oder ein Stipendium erhält.

Aber was ist mit dem Problem des sinkenden Bildungs- und Ausbildungsstandes in den Mittelschulen und an den Universitäten, und mit der Unlust, die dahinter steckt? Ist das nicht auch ein Problem der Kultur und also der Kulturpolitik?

Höchsterfreulich, daß die Kulturpolitik Festspiele veranstaltet oder fördert, daß sie künstlerische Spitzenleistungen ermöglicht, daß sie auch

Peng
Peng!

seltenen und kostbaren Dingen Aufmerksamkeit schenkt.

Aber was ist mit den Betonburgen am Stadtrand, diesen Brutstätten der Unlust, was überhaupt mit dem schaurigen Zustand, in dem sich unsere Architektur befindet? Was ist mit der Zerstörung der Landschaft durch einfach nicht in den Griff zu kriegende Verbetonierung und Versiedelung? Ist das nicht auch ein Problem der Kulturpolitik?

Sehr verdienstvoll, daß die Kulturpolitik sich um die Kultur der Kinder, der Jugendlichen, der Außenseiter, der Minderheiten kümmert.

Aber die steigende Zahl der Schülerselbstmorde, der Drogenabhängigkeit von Kindern und Jugendlichen, die Aggressivität und soziale Amoralität und sogar Kriminalisierung unter den Heranwachsenden — sind das nicht auch Probleme des Zustandes unserer Kultur und also der Kulturpolitik?

Das kulturelle Niveau eines Volkes, einer Gemeinschaft, von mir aus: der Gesellschaft ist nun einmal — ich glaube, darin sind wir uns alle einig — nicht nur an der Zahl der gemalten Bilder, sondern auch an der Zahl der Selbstmorde, der Drogentoten, der sinnlos verursachten Umweltschäden ablesbar. Noch simpler formuliert: Nicht nur die bedeutenden literarischen Leistungen eines Dichters haben etwas mit unserer Kultur zu tun, sondern auch die gewissen Redewendungen, mit denen sich der Herr Mundl im Fernsehen mitteilt.

Worauf ich hinaus will, ist die Feststellung, daß in unseren Breiten jegliche Art von Politik schließlich Kulturpolitik sein muß; daß auch das Verkehrsministerium, das Bautenministerium, daß all die vielen Städte- und Landesplanungsinstanzen, die es gibt, daß auch die verwaltenden Gremien bis hin zu den Kammern und Gewerkschaften — und daß vor allem die Parteipolitiker begreifen müssen, daß Politik und Kulturpolitik heutzutage nicht mehr voneinander zu trennen sind.

Und hoffentlich begreifen sie das, bevor es zu spät ist.

Das Ende der totalen Architektur

(1979)

Zwischen der Karlskirche und dem Bildstock an der Landstraße, zwischen dem Belvedere und dem Bürgerhaus in der Penzinger Straße gibt es eine enge Verwandtschaft: sie alle sind barock.

Aber „moderne“ Architektur oder „zeitgenössische“ Architektur oder das, was man schlicht „Architektur unserer Zeit“ nennt — was, bitte, ist das?

Alt-Erlaa und Linz-Puchenau, der Bungalow in Kritzendorf und die Fertigbausilos in Kagran: diese Dinge sind voneinander in ihrem Anspruch, ihrem Ausdruck, ihren Formen-Kanons so verschieden, daß man meinen könnte, sie stammten aus gänzlich verschiedenen Kulturen oder Unkulturen. Der Sammeltitel „moderne“ oder „zeitgenössische Architektur“ sollte besser abgeschafft werden — auch im Interesse der besseren Architekten.

Jedoch haben alle diese so verschiedenen Dinge wenigstens eines gemein: daß sie ihren Ursprung nicht einem mehr oder weniger naiven Bedürfnis ihrer Bewohner und Benützer verdanken, sondern einer Ideologie, nein: verschiedenen Architektur-Ideologien.

Es gibt eine Architektur-Ideologie des Hochhauses, eine Ideologie des Einfamilienhauses, des horizontal oder vertikal gestaffelten Reihenhauses, eine des Fertigbaues, eine des funktionalen Bauens, selbstverständlich — und eigentlich an erste Stelle zu reihen — eine Ideologie des sogenannten Sozialbaues, eine solche des verkehrsgerechten, aber auch eine des menschengerechten Bauens, weiters die nicht leicht zu kapierende Ideologie, daß sowieso alles Architektur ist, und so weiter — diese sicherlich nicht vollständige Aufzählung beweist natürlich weiter nichts, als daß sich in ihr das Malheur einer zersplitternden Zivilisation spiegelt, die alle zehn oder fünfzehn Jahre das Heil aus einer anderen Windrichtung erwartet.

Es gibt jedoch, und darauf will ich ein bisserl herumreiten, einen quasi-ideologischen Punkt, in dem sich alle, auch die einander feindlichen Architektur-Ideologien ja doch berühren: in der Meinung nämlich, daß alles Ach und Weh dieser Welt oder dieser Zivilisation aus eben diesem einen Punkt, nämlich aus der Architektur heraus, zu kurieren wäre.

In dieser Forderung sind sich alle Architekten von Ledoux bis Corbusier, von Corbusier bis zu unseren „modernen" Baumeistern, einig: Laßt uns einmal 'ran, daß wir endlich Ordnung in die Sache bringen! Wir werden schon so bauen, daß der Mensch, der dann in unsere Architektur einzieht, edel, hilfreich, sozial, vernünftig und vielleicht sogar gut werden wird!

Und so beschlossen die Architekten, Politiker zu werden. Und begannen, Stichwort „Charta Athen", politische Architektur zu treiben: Architektur bedeutete von nun an nicht mehr nur Bauen, sondern auch Planen, und zwar im Großen; nicht mehr diese oder jene Einzelarchitektur, sondern gleich Architekturlandschaften; nicht ein Stadtwohnhaus, sondern eine ganze Stadt. Und letzten Endes — ich glaube nicht, daß ich da übertreibe —

maßten sich die Architekten sogar an, nicht mehr nur die Behausung der Menschen, sondern gleich deren ganzes Leben zu planen. So wurde die Architektur total. Und totalitär.

In der Sache ging das von Anfang an auf ebenso tragische wie bisweilen groteske Weise schief, denn Leben läßt sich in solchem Umfang nicht planen. Mir erscheint's, nebenbei bemerkt, ganz logisch, daß die besten Bauten der besten modernen Architekten — Corbusier, Mies van Rohe, F. L. Wright — am Ende in irgendwelchen Wüsten oder Urwäldern stehen, während die weniger besseren Bauten eher die Städte wüst machen.

In organisatorischer Hinsicht hingegen klappte es: innerhalb weniger Jahrzehnte übernahmen Architekten etwas, was sie nie zuvor in solch hohem Maße gehabt hatten, nämlich Macht, politische Macht.

Das gelang ihnen, weil sie von einer weltweiten Publizistik nachdrücklichst unterstützt wurden und weil auch die Politiker von den scheinbar so machbaren Utopien höchst angetan waren — die Vorstellung, alles Malheur aus einem Punkt zu sanieren, war ja auch überwältigend.

Und so verschmolzen Politik und Architektur weithin — Architekten werden zu Politikern, politische Mandatare handeln nach den Planungsunterlagen der Architekten, der Politarchitekt und der Architekturpolitiker gehen bisweilen ineinander über.

Was sich aus der unheilvollen Kreuzung an unmittelbaren Konsequenzen und Folgewirkungen ergibt, kann man ja in Wien besonders gut studieren.

Die Architektur — oder sagen wir: das architektonische Denken — ist zum Saurier geworden; aber vielleicht ist diese Phase schon überschritten: das dampfende Sumpfklima der großen Konjunktur kühlt rapide ab, die ökonomische Basis wird schmal, die Zeiten des Auswachsens, des Sich-Ausdehnens, des Wildwucherns sind vorbei.

Ich wage es zu behaupten, daß es aus vielerlei Gründen — aus ideologischen, aus ökologischen, aus ästhetischen, vor allem aber aus ökonomischen Gründen — so nicht weitergehen wird. Die Angst vor der Krise der Architektur geht ja schon unter den Architekten um.

Was also wird die wichtigste Zukunftsaufgabe der Architektur sein? Sie wird in den nächsten Jahrzehnten eine weithin restaurative sein. Sie wird damit beschäftigt sein, alle die von den Technikern, von den Wachstumsfetischisten, von den Umweltzerstörern, von den Politikern und nicht zuletzt von den Architekten begangenen Fehler, Irrtümer, Untaten und Verwüstungen zu reparieren.

Die Architektur wird wieder einmal sehr bescheiden anfangen müssen, ganz von vorn und ganz von unten.

Wie subventioniert man richtig?

(1982)

Mit Genugtuung ist festzustellen, daß die Einsicht, man müsse die Kultur auch materiell unterstützen, glücklicherweise eine allgemeine geworden ist. Die Kultur-Subventionen fließen heute verhältnismäßig reichlich; nicht immer in die richtige Richtung, leider, nicht immer zur Zufriedenheit der Subventionierten, nicht immer mit dem erhofften Resultat. Aber im großen und ganzen kann man wohl zufrieden sein und muß wohl auch anerkennen, daß Bund, Länder und Städte trotz Wirtschaftskrise die Kulturbudgets nicht vermindern, sondern eher noch vermehren — was durchaus nicht selbstverständlich ist; früher waren es gerade die Kulturbudgets, in denen der Rotstift zuerst zu wüten begann. Und ebenso summarisch kann man wohl sagen, daß heutzutage kein Talent zur Nichtbeachtung oder gar zum Hungern verdammt ist (wenn sich's nicht gerade um einen besonders schwierigen Charakter handelt, der freilich in diesen Bereichen häufiger auftritt als in anderen).

Die hinreichende Subventionierung künstlerischer und kultureller Tätigkeiten, früher stets ein Problem, ist heute keines mehr. Oder jedenfalls kein grundsätzliches.

Doch gerade aus diesem Umstand ergibt sich ein neues Problem: nämlich die zunehmende Abhängigkeit der Kunst-Produktion von Subventionen.

Meine jetzige Existenzform als Wiener Kommunalpolitiker bringt es mit sich, daß ich auch im

Kulturausschuß sitze, in jenem Gremium, das in erster Instanz Subventionen, Ausfallshaftungen, Zuwendungen und alle sonstigen Gelder beschließt, die an Künstler und Kunst- und Kulturvereine aller Art verteilt werden; nachher müssen Stadtsenat und schließlich auch der Gemeinderat noch ihren Sanktus dazu geben.

Ich sag's ganz offen, daß ich bei diesen Sitzungen manchmal etwas gemischte Gefühle habe. Nicht, weil ich am System der Kultursubventionen selbst verzweifle. Ich liebe es zwar nicht besonders, aber es ist mir schon klar, daß man in einer Zeit, in der es keine Fürsten und sonstige Privatmäzene mehr gibt, ohne öffentliche Förderung kaum auskommen kann, es sei denn, man verzichtete auf fünf Sechstel unseres Kulturlebens, und davor möchte ich doch eher abraten — überhaupt, wenn ich daran denke, daß in diesem Lande ja nahezu alles, was produziert wird, von Subventionen gestützt wird. Da sollte gerade die Kultur, die vergleichsweise relativ billig ist, draufzahlen? Nein, unbehaglich ist mir vielmehr die immer größere Selbstverständlichkeit, mit der die Subventionsnehmer zu glauben scheinen, daß sie ein sozusagen natürliches Anrecht auf diese Subventionen hätten — nach dem Grundsatz: „Wenn's jeder kriegt, muß ich's auch kriegen, und schließlich geht's um Kulturelles, nicht wahr?"

Denn in der Selbstverständlichkeit, mit der da gegeben und genommen wird, liegt allerhand Gefährliches. Der gesunde Menschenverstand (und allenfalls ein wenig Geschichtskenntnis) sagen einem, daß die öffentliche Subvention zwar eine unvermeidliche, aber im Grunde halt doch fragwürdige Sache ist. Wird sie zur Regel, schafft sie Abhängigkeit und lähmt die Unternehmungslust, die auch Künstlern nicht ganz fremd sein sollte. Sie entschärft den Wettbewerb und die Maßstäbe; und schließlich zwingt sie die öffentlichen Subventionsgeber in eine Rolle, die ihnen nicht zusteht, nämlich die der Richter und Beurteiler. Nach welchen Kriterien, wenn nicht nach denen der Qualität und des Ranges einer künstlerischen Leistung, können oder dürfen sie denn Steuergeld verteilen? Aber eben das, nämlich das Qualitätsurteil oder auch nur die Annahme, daß die Richtung schon stimmen wird, in die das Geld fließen soll, steht weder den Beamten in einem Kulturressort noch den Politikern zu.

Aus diesem und vielen anderen Gründen, worunter die Angst, es könnte eines Tages einer Partei wieder einmal einfallen, ihre Subventionsgelder als Steuerungsmittel zu verwenden, nicht die geringste ist, plädiere ich erstens für ein gründliches Nachdenken über diese Problematik und zweitens für einen Abbau der Subventionsmentalität zugunsten anderer Kulturförderungsmethoden.

Wohlgemerkt: ich plädiere *nicht* für eine Verminderung der Kulturbudgets. Ich denke nicht einmal im Traum daran, solange Autobahnen gebaut werden, die je Kilometer soviel kosten wie das gesamte Wiener Kulturbudget — da wär' ich schon eher dafür, weitere Projektkilometer neuen Bildern, neuen Theaterstücken oder neuen Musikkompositionen zu opfern.

Jedoch meine ich, daß man dahin kommen sollte, etwa einer Theater- oder ähnlichen Spiel-Gruppe statt alljährlichen Subventionen ein ausgiebiges Start-Kapital zu geben, das ihr die Chance verschafft, sich tatsächlich selbständig zu machen; oder ihr statt Subventionen eine Ausfallshaftung beizustellen (womit Zilk als Stadtrat vernünftigerweise begonnen hat); oder die Idee des Erwin Piplits von „Serapions Theater", nämlich Theater auf Subskriptionsbasis zu machen, zu unterstützen und zu fördern.

Ich bin kein Spezialist in derlei Angelegenheiten, also sehe ich wahrscheinlich viele ähnliche und vielleicht noch effizientere Lösungen nicht, aber ich hoffe, daß man dennoch versteht, worauf es mir ankommt: auf eine Förderung, die dem Geförderten die Möglichkeit gibt, aus der Rolle des Bittstellers heraus- und in die Unabhängigkeit hineinzuwachsen. Das sollte das Ziel sein, dem man sich in anderen Bereichen natürlich mit anderen Mitteln wird nähern müssen — auch mit einer längst fälligen Revision einschlägiger Steuerschikanen zum Beispiel. Warum, zum Kuckuck, darf der Ankauf eines Autos in der Steuererklärung als Steuerabsetz-Betrag aufscheinen, der Ankauf eines Kunstwerkes aber nicht? Weil dieses „Luxus" ist, jenes aber nicht? Welch ein Unfug! Oder: ein Essen mit Geschäftsfreunden ist immer noch als „Repräsentationsausgabe" absetzbar, wovon die österreichische Eßkultur zweifellos und zum allgemeinen Wohl profitiert; eine Einladung derselben Geschäftsfreunde ins Theater hingegen wird von der Steuer — ausdrücklich! — nicht akzeptiert. Wäre es anders, die Bühnen würden davon genauso profitieren wie die Fluglinien, die großen Hotels und all der Management-Luxus, der ja nur auf dieser Basis floriert.

Und so weiter. Einmal auf solche Gedanken gekommen, stellen die nächsten von selbst sich ein.

Wir werden sie brauchen, wenn wir die Chance nützen wollen, gegen Ende auch dieses Jahrhunderts eine unerhörte Kulturblüte im Lande aufbrechen zu sehen. Es wird derzeit bei den Künstlern und Literaten eine enorme Menge an Phantasie frei — mögen die Kulturpolitiker und die dazugehörigen Administrationen sich also auch etwas dazu einfallen lassen.

Gesucht: Eine neue Art von Politikern

(1979)

Von der „Glaubwürdigkeit in der Politik" ist jetzt häufig die Rede; vor allem sind es die Politiker selbst, die sich über dieses Thema allerlei Sorgen machen — mit gutem Grund übrigens, denn es gibt ja wirklich allerlei Wechselwahl- und Wahlenthaltungsphänomene, die einen Politiker schwer auf die Seele drücken können.

Irgendwie, so scheint es, nistet sich da sowohl im Selbstverständnis der Politiker als auch im Verhalten zwischen Politikern und Bürgern so etwas wie eine Krise ein. Eine noch nicht besonders besorgniserregende Krise, gewiß nicht, aber doch und immerhin ein Zustand, der offenbar nicht befriedigend ist. Und dann: wer kann schon sagen, ob das nicht der Anfang ist und die Krise (falls es schon eine sein sollte) nicht viel schlimmer wird?

Jedenfalls stellt sich die Frage, wer oder was an einem allfälligen Glaubwürdigkeitsverlust der Politik und der Politiker schuld sein könnte.

Der Politiker selbst? Die diversen Skandale, die es da in der letzten Zeit gegeben hat?

Daran glaube ich persönlich eigentlich nicht. Skandale und Skandälchen hat es überall und zu jeder Zeit gegeben, denn wo Menschen mit Menschen zu tun haben, dort menschelt es halt auch — aber andererseits hat gerade unsere Demokratie sehr deutlich bewiesen, daß sie genügend Selbstreinigungskraft besitzt, um mit derlei Allzumenschlichkeiten durchaus überein zu kommen.

Ich denke, die Ursachen dafür, daß die „Glaubwürdigkeit in der Politik" zum Diskussionthema geworden ist, liegen tiefer.

Ich denke, sie sind hauptsächlich in unserem Unverständnis dafür begründet, daß sich der Bürger nicht mehr, so wie einst, ohne weiteres in Schichten, Klassen und Stände rubrizieren läßt. Das alte Kaiser-König-Bürger-Bauer-Bettelmann-Schema gilt heute so wenig wie die marxistischen Kategorien vom Subproletarier bis hinauf zum Feudalherrn. Und das schafft Verwirrung.

Unsere Zivilisation hat, ohne daß wir es recht bemerkten, in den letzten fünfzehn oder zwanzig Jahren diese alten Strukturen und Denkschablonen gründlichst erschüttert, wenn nicht gar zerbrochen. Eine praktische Konvergenz von Kapitalismus und Sozialismus hat bewirkt, daß wir hier und heute in einer weithin klassenlosen Gesellschaft oder doch unter Umständen leben, in denen die Frage nach der Klassen-Zugehörigkeit zunehmend irrelevant wird. Der Bauer, der einem Nebenerwerb in der Fabrik nachgeht, gehört über kurz oder lang zwei verschiedenen oder aber gar keiner Klasse mehr an; die Klassen-Lage des städtischen Intellektuellen, der mehr und mehr seinen ländlichen Zweitwohnsitz dazu benützt, um dort Schafe zu halten oder biologischen Hobby-Landbau zu betreiben und der so zum intermittierenden Bauern wird, ist nicht mehr eindeutig zu bestimmen; die Unterschiede zwischen Arbeiter und Angestelltem verschwinden, wie überhaupt das klassenspezifische Merkmal der Lohnabhängigkeit seine Bedeutung verliert; immer mehr Freizeit, Mobilität und der ständige Zugang zur massenmedialen Information, durchwegs klassenübergreifende Phänomene, bewirken gleichfalls, daß die herkömmlichen Schichten- und Klassenbegriffe immer relativer und somit unwichtiger werden. Jeder mag sich aus eigener Erfahrung und Beobachtung weitere Indizien dieser Entwicklung zusammenklauben; man findet sie an allen Ecken und Enden.

Was aber tritt an die Stelle dieser alten Ordnungen?

Es versteht sich, daß jede Antwort auf diese Frage notwendigerweise unausgegoren sein muß; Klarheit entsteht nun einmal erst aus der Distanz. Mit dieser Einschränkung riskiere ich folgende Hypothese:

Es könnte sein, daß wir beginnen, in einer Zeit oder einer Zivilisation zu leben, in der nicht die Schicht, nicht die Klasse, nicht der Stand oder die Kaste, sondern die Gruppe und die Gruppierung zum Charakteristikum des sozialen Verhaltens wird — und zwar die relativ labile, sich je nach Bedarf, Bedürfnis und Interessenlage bildende, mehr auf bestimmte und genau zu definierende Zweckerfüllungen als aufs Grundsätzliche, Ideologische und Politische gerichtete Gruppe.

Für diese meine Behauptung (oder Vermutung) mag man sich das Anschauungsobjekt ebenfalls ohne viel Mühe aus seiner nächsten Umgebung besorgen: man besehe sich etwa einen Angestellten, der einer politischen Partei nahesteht, ohne aber willens zu sein, deren Programm in sämtlichen Punkten zu bejahen; der über genügend Freizeit verfügt, um einem ausgiebigen Hobby oder zweiten Liebhaberberuf nachgehen zu können; der dank seines Autos wenigstens zeitweise den Wohnort wechselt (schon ein vierwöchiger Urlaub in fremder Umgebung genügt, um Blickfelder zu erweitern und das Bewußtsein zu verändern); der eine Bürgerinitiative unterstützt, welche möglicherweise gar nicht im Sinne seiner sonstigen parteipolitischen Präferenz liegt; der sich aus täglicher Information — etwa aus den Fernsehnachrichten — ein Weltbild schafft, das bei aller Unklarheit doch seines und nicht das einer übergeordneten ideologischen Richtung sein könnte; der von den Wahlmöglichkeiten unserer Konsumwelt Gebrauch macht; der also nicht nur gelegentlich zwischen Existenzebenen verschiedener Art wechselt, sondern mit steigendem Selbstbewußtsein deutlich macht, daß er die freie Wahl zwischen Alternativen als wesentlichen Teil, wenn nicht sogar als charakteristisches Stilelement seiner Lebensweise empfindet — und zwar, darauf kommt es an, zwischen Alternativen aller Art: der politischen wie der privaten, beruflichen, modischen und so fort.

Der Typus, der sich da herausschält, ist ein Kind der pluralistischen Gesellschaft und ihrer logischerweise pluralistischen Lebensweise: in ihm hat man also den genuinen Wechselwähler vor sich; und auch den, der nicht zu einer Wahl geht, weil sie ihm keine passende Alternative bietet (oder weil sie ihm, kann sein, nicht ausreichend erklärt worden ist).

Bildwechsel hinüber zum Politiker, der sich mehr oder minder besorgt fragt, warum er denn plötzlich so öffentlichen Zweifeln an seiner Glaubwürdigkeit begegnet?

Die Antwort sollte — vorausgesetzt, meine

unausgegorene Hypothese stimmt — eigentlich leicht fallen:

Weil er, der Politiker, noch nicht begriffen hat, daß er es nicht länger mit eindeutig klassenzugehörigen und somit leicht zu klassifizierenden Bürgern zu tun hat, sondern mit Pluralisten und Wechselmenschen, deren Interessen, Bedürfnisse und Mitarbeitsbereitschaft ungleich differenzierter — und gewiß vielfach verwirrender und diffuser — sind als zuvor; mit Bürgern, die in dieser ihrer Situation einfach nicht mehr bereit sind, mit einer Partei-Doktrin oder einer Ideologie unbesehen auch gleich alle darin enthaltenen Implikationen zu schlucken.

Der Politiker aber, normalerweise in parteilicher Disziplin und in einer geschlossenen Programmatik herangewachsen, an ein stabiles Schichten- oder Standesmodell glaubend, merkt mit Unbehagen, daß er in dieser fluktuierenden Umgebung fremd zu werden beginnt. Er empfindet sich selbst mit seinem Programm als — nun ja, offenbar als nicht mehr ganz glaubwürdig, wiewohl es hier gar nicht um eine moralische, sondern vielmehr um eine sozusagen physikalische Frage geht: nicht seine Glaubwürdigkeit ist fraglich geworden, sondern seine Verhaltensweise.

Ich überspringe ein paar Glieder meiner Gedankenkette und komme zum Schluß:

Der Politiker, der sich den gewandelten Umweltbedingungen anpaßt (und anpassen muß er sich, wenn er seinen Beruf nicht an den Nagel hängen will), wird endgültig darauf verzichten müssen, die Sozietät als eine hierarchische Pyramide anzusehen, auf deren Spitze er selbst sitzt;

er wird von dieser Pyramide heruntersteigen und dorthin gehen müssen, wo in einer pluralistischen Welt die Bedürfnisse entstehen, die Meinungen sich bilden, Leistungswillen und Aktivitätsbereitschaft unmittelbar genützt werden können: unter die Leut' also;

er wird gut daran tun, seine möglichen Wähler nicht so sehr zur Mitgliedschaft, sondern zur (allenfalls sogar nur gelegentlichen) Mitarbeit zu bewegen;

und er wird jedenfalls lernen müssen, daß man die Welt nicht aus einem einzigen, archimedischen Punkt, sondern nur in unablässig neuem, stets sich selbst korrigierendem Bemühen verändern kann.

Der Politiker der nächsten Jahre wird von vielen liebgewordenen Vorstellungen Abschied nehmen müssen. Wenn ich es richtig sehe, wird er mehr Moderator, Zuredner, Mitdiskutierer und dienender Bruder sein als Politiker alten Stils.

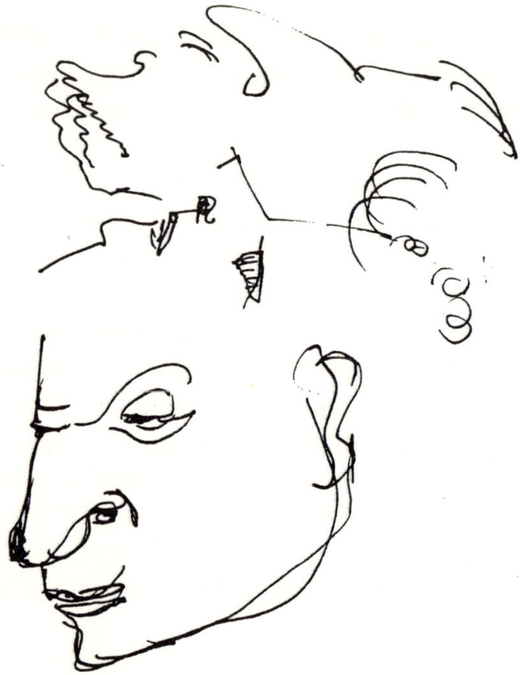

Bitte: Was ist das, Österreich? und was sollen wir damit anfangen?

(1980)

Dieser Tage habe ich in der „Furche" einen Artikel veröffentlicht mit dem Titel: „Bitte: Was ist das, Österreich?" Ich vervollständige ihn nun und frage: „Bitte, was ist das, Österreich? — und bitt' schön: was sollen wir damit anfangen?"

Lassen Sie mich, bitte, damit anfangen, daß ich — weil ich es für einen geeigneten Einstieg halte — mich selbst zitiere:

„Denn wirklich: Was ist gemeint, wenn von Österreich die Rede ist? Ist damit lediglich jenes geographische Gebilde gemeint, das, an der Schweizer und Liechtensteinischen Grenze unauffällig dünn beginnend, gegen Osten zu beachtlicher Dicke anschwillt und solcherart zum Wohle der Menschheit verhindert, daß Tschechen und Italiener, Bayern und Ungarn gemeinsame Grenzen haben?

Übt dieses Gebilde in der Tat jene Funktion aus, die ihm seine Bundeshymne zuweist, nämlich das ‚starke Herz Europas' zu sein? Oder ist es nur (was wir nicht glauben, aber immerhin als Möglichkeit anführen wollen) der blinddarmähnliche Schnörkel einer in ihren Absichten nicht gänzlich erhellbaren Entwicklungsgeschichte? Oder eine Zirbeldrüse, ein Zwerchfell oder, wer weiß, sogar eine Art Gebärmutter?

Oder sollte man sich einfach damit begnügen, Österreich als eine Republik mit siebeneinhalb

Millionen relativ tüchtiger Einwohner zu betrachten, die sich seit 1918 unter wechselnden und teils sogar tragischen Umständen zu einem zwar kleinen, aber lebensfähigen Staatsgebilde gemausert hat, einer anderen und etwas lustigeren Schweiz gewissermaßen?

Aber in welcher Relation steht dann dieses kleinrepublikanische Österreich zu jenem von der Landkarte verschwundenen Groß-Österreich, über dessen Zeugnisse, Denk- und Verwaltungsweisen man ja doch bei jedem Schritt und Tritt stolpert?

Noch reicht Österreich über Österreich hinaus . . .

Aber: Wie verhält sich — um einen anderen und viel wichtigeren Problemsektor zu eröffnen — das Österreich des offiziellen Amtskalenders, der Gewerkschaftsfunktionäre und der Fremdenverkehrsverseuchung zu jenem anderen Österreich, das weder zu diesen Phänomenen noch zu dem kleinen rosa Fleck im Atlas in Beziehung zu stehen scheint, und doch, ganz ohne Zweifel, auch existent ist — jenes Österreich, das unverdrossen Rudel von Nobelpreisträgern, Horden von Dichtern und Heerscharen sonst irgendwie Kreativer gebiert? Und wie verhalten sich deren Träume zu dem, was man — oft allerdings fälschlich! — die ‚Wirklichkeit' nennt?"

Diese Fragen mögen Ihnen feuilletonistisch oder literarisch vorkommen, und das sind sie der Form nach wohl auch. Dem Inhalt nach sind sie es nicht. Also will ich das Gesagte in folgende nüchterne Feststellungen übersetzen:

Österreich ist ein Land, das sich selbst bisher nicht eindeutig beschreiben kann oder dessen

Selbstbeschreibungen einander zu widersprechen scheinen. Österreich ist ein Land, das offenbar Schwierigkeiten hat, sich mit sich selbst zu identifizieren. Österreich ist ein Land der Widersprüche.

Meines Wissens gibt es außer Österreich kein Land, in dem der Nationalbegriff selbst im täglichen Sprachgebrauch als negatives Eigenschaftswort verwendet wird: „typisch österreichisch" ist eine feststehende Floskel, die nur dort angewendet wird, wo man Schlamperei, Versagen oder sonst einen anderen Mißstand diagnostizieren will.

In einer solchen scheinbaren Kleinigkeit verrät sich ein Minderwertigkeitskomplex, der sich zum Beispiel in den geradezu schon zur Tradition gewordenen Österreich-Beschimpfungen unserer Dichter und vieler sonstiger kreativer Leute bis zu einem geradezu pathologischen Austro-Masochismus steigert.

Wenn man den Aussagen unserer Literaten, aber auch einem in der österreichischen Journalistik weitverbreiteten Meinungs- und Stimmungs-Trend glauben darf, scheint Österreich oder das Österreichische nichts zu sein, wonach man sich zu halten oder zu orientieren brauchte. Frage: Ist diese Meinung, Stimmung oder Einstellung statistisch zu verifizieren?

Nun, es gibt eine Meinungsumfrage des österreichischen Gallup-Instituts über die Frage nach dem „Nationalitätsbewußtsein der Österreicher".

Diese Umfrage bringt einige außerordentlich interessante und in gewissem Sinn erschütternde Ergebnisse. Da ich aus guten Gründen annehme, daß die meisten von Ihnen weder diese Umfrage noch ihre Resultate kennen, darf ich Sie vielleicht bitten, in Gedanken mit mir ein kleines Quiz zu spielen.

Wieviel Prozent der Österreicher sind, glauben Sie, der Meinung, daß Österreich eine Nation oder im Begriffe ist, sich als solche zu fühlen?

Es sind 82 Prozent. 8 Prozent sind negativer, 10 Prozent gar keiner Meinung.

Wo, glauben Sie, ist das österreichische Nationalitätsbewußtsein am stärksten entwickelt? Wo am geringsten?

In Tirol und Vorarlberg — mit 96 Prozent.

Und in Niederösterreich und im Burgenland mit — vergleichsweise „nur" — 69 Prozent.

Noch ein paar Daten aus dieser Umfrage: 87 Prozent der jungen Leute bis 30 bejahen die Frage mit Ja und nur 3 Prozent mit Nein. Bei den 30- bis 50jährigen betragen die Nein-Stimmen immerhin noch 15 Prozent, in Tirol und Vorarlberg gibt es zu der Frage, ob Österreich eine Nation sei oder werde, überhaupt keine Nein-Stimmen.

Ich nehme als sicher an, daß diese Zahlen Sie überrascht haben. Es sind übrigens nicht die einzigen in dieser Meinungsumfrage, die überraschend wirken — es gäbe darin noch genug andere Zahlen, die eine österreichische Politiker-Runde zu wochenlanger Klausur-Meditation anregen könnten. Leider kann ich darauf nicht weiter eingehen.

Das Überraschendste an dieser Untersuchung scheint aber zu sein, daß sie den österreichischen Politikern und Publizisten völlig unbekannt geblieben ist; daß sie nicht von einer österreichischen Institution, sondern vom Norddeutschen Rundfunk in Auftrag gegeben worden ist. Es fällt mir schwer, hier nicht in die Bemerkung auszubrechen, daß das alles ja wohl typisch österreichisch ist.

Einerseits also ein starker, ja neurotischer nationaler Minderwertigkeitskomplex — andererseits und nichtsdestoweniger eine erstaunliche Bereitwilligkeit zu einem nationalen Konsens.

Wie ist dieser Widerspruch zu erklären?

Die Wurzeln der austromasochistischen Komplexe scheinen mir historischer Natur zu sein. Sie reichen tief hinunter in die Geschichte, möglicherweise bis in die Zeiten der Gegenreformation. Zur Vollblüte sind diese Minderwertigkeitskomplexe vermutlich in den letzten 150 Jahren gediehen — kein Wunder, wenn man bedenkt, daß diese lange Zeit erfüllt war von Niederlagen, von verlorenen Kriegen, von dem hoffnungslosen Dauerversuch, etwas zusammenzuhalten, was auseinanderfiel; während zur selben Zeit die anderen ihre Nationalstaaten aufbauten — unbelasteter, skrupelloser, erfolgreicher. Die typisch österreichische Neigung, sich selbst abzuqualifizieren, ist also historisch bedingt.

Dem gegenüber oder sozusagen gleichläufig dazu ereignet sich aber ein noch lange nicht historisch gewordener, sondern ein täglich sich ereignender, täglich sich beschleunigender Prozeß: die Bildung eines neuen Selbstbewußtseins.

Anders als bis 1938 reisen wir viel. Anders als damals kommen wir alle, vom Urlauber bis zum Kaufmann, vom Kaufmann bis zum Wissenschaftler, vom Wissenschaftler, der an einem internationalen Symposion teilnimmt, bis zum Techniker, der in einem multinationalen Konzern arbeitet, viel in der Welt herum. Anders als damals kommt ebensoviel Welt zu uns herein — fremde Menschen und dazu, via Massenmedien, Information über die anderen.

Anders als früher haben wir fast ununterbrochen Gelegenheit, uns mit anderen zu vergleichen.

Und siehe da: wir stellen täglich aufs neue fest, daß wir ja eigentlich gar nicht so schlecht beinander sind. Es stellt sich heraus — und wir registrieren das mit einer Verblüffung, die durch unseren angeborenen Minderwertigkeitskomplex nur verstärkt wird —, daß wir sogar ganz gut sind. Und wir entdecken, ungläubig den Kopf schüttelnd, daß wir da und dort eigentlich sehr gut sind.

Wir erleben, daß wir die Konkurrenz mit den anderen durchaus aufnehmen können und daß wir sie oft sogar mit einer Leichtigkeit bestehen, von der wir uns nicht hätten träumen lassen — und zwar auf einer, verzeihen Sie das harte Wort, Bandbreite, auf der sozusagen der hochspezialisierte Raumfahrt-Techniker ebenso aufscheint wie der Literat, der Verhaltensforscher, der Künstler, der Universitätsprofessor, der Fußballtrainer und sogar auch der Zuhälter.

Zum ersten Mal seit vielen, vielen Jahrzehnten haben die Österreicher so etwas wie ein kollektives Erfolgserlebnis.

Das scheint mir eine sehr wichtige Feststellung zu sein — aber es ist wohl typisch österreichisch, daß sie bis jetzt, bis zu diesem Augenblick sozusagen, noch nicht getroffen wurde.

Natürlich müßte man sich jetzt fragen, was zu diesen Erfolgen und Erfolgserlebnissen führt — meine persönliche Meinung geht dahin, daß wahrscheinlich gerade jener austromasochistische Minderwertigkeitskomplex besondere Anforderungen an uns gestellt und solcherart einen Darwinschen Entwicklungssprung zum Tüchtigen hin erzwungen hat. So könnte der Widerspruch von Selbsteinschätzung und Selbstgefühl vielleicht erklärt werden.

Aber ich will nun einen Schritt weitergehen und versuchen, meine Behauptungen mit Beispielen noch ein bißchen zu untermauern und zugleich an Hand dieser Beispiele einen sehr skizzenhaften, sehr flüchtigen, sehr journalistisch-oberflächlichen Umriß unserer gegenwärtigen Situation zu geben — wie ihn etwa einer geben würde, der sich aufmerksam in Europa umgesehen hat.

Einer, der sich solcherart umgesehen hat, würde, wenn er wieder nach Österreich zurückkommt, folgendes feststellen:

. . . daß es eigentlich — auch anders als früher — eine angenehme und tröstliche Sache geworden ist, in einem kleinen, überschaubaren Land zu leben; in einem Land, das gerade groß genug ist, damit man darin nach seiner eigenen Façon glücklich werden kann, und gerade so klein, daß man die aktuellen Probleme sozusagen noch an Ort und Stelle anpacken kann.

. . . Er würde feststellen, daß dieses kleine Land eigentlich — und trotz allem Ärger, den man zeitweise mit den Beamten hat — über eine noch immer erstaunlich gut funktionierende Verwaltung verfügt.

. . . Er würde feststellen, daß in diesem Land zwischen arm und reich, groß und klein, Land und Stadt, kurz, zwischen allen sozialen und ökonomischen Gegensätzen ein doch eigentlich recht vernünftiger Ausgleich stattgefunden hat; die Mächtigen sind nicht so mächtig wie anderswo, die Reichen nicht so reich, die Armen nicht so arm, die Wiener nicht so arrogant wie die Römer, Züricher und Hamburger, die Leute auf dem Land keineswegs so g'schert wie in Ostfriesland, im Berner Land oder in der Toskana.

. . . Er würde weiter feststellen, daß auch unsere Politiker im Vergleich recht gut abschneiden. Wie immer man zu unserem Großen Zampano Kreisky stehen mag — irgendwie ist er mir halt doch immer noch lieber als seine deutschen Kollegen, wie mir auch unsere ÖVP-Vorsitzenden lieber sind als der F. J. Strauß und der josephinische Benya sympathischer ist als alles, was sich in Europa an Gewerkschaftsführern sonst zeigt.

. . . und so weiter, und so weiter. Kurz, er würde feststellen, daß Österreich — möglicherweise — in Europa jenes Land ist, wo man derzeit eigentlich am besten leben kann — die Schweiz nicht ausgenommen. Es klingt vielleicht komisch, ist es aber nicht: Wir leben auf einer Insel der vergleichsweisen Glückseligkeit. Der vergleichsweisen — aber immerhin . . .

Man würde auch, nachdem man sich einmal außerhalb der rot-weiß-roten Grenzen umgesehen hat, zu noch erfreulicheren Beobachtungen kommen:

Man würde zum Beispiel die frappierende Erkenntnis gewinnen, daß es derzeit in Europa keinen vergleichbaren Kleinstaat gibt, der über soviel Kreativität verfügt wie unser Land. Eine solche Behauptung läßt sich am leichtesten mit Beispielen aus dem Kunstschaffen belegen.

Es ist fast schon eine Banalität, wenn man sagt,

daß nahezu alles, was heutzutage in der deutschsprachigen Literatur bedeutend oder entscheidend ist, von Österreichern geschrieben wurde und geschrieben wird. An dieser Feststellung ändert sich auch dann nichts, wenn sich etliche unserer Dichter in traditionellem Austromasochismus vom Österreichischen distanzieren — nutzt nix, man kann jedem einzelnen von ihnen, auch dem Peter Handke, dem H. C. Artmann oder dem Thomas Bernhard nachweisen, daß sie, ob sie's wollen oder nicht, im Österreichischen wurzeln — nicht vielleicht im alltäglichen Österreich, wohl aber in jenem ebenfalls existierenden Österreich der Träume und der Phantasie, das sehr real auf das Denken und sogar das Handeln vieler Österreicher einwirkt.

Weniger bekannt, aber ebenso wahr ist, daß auch die bildende Kunst, die jetzt in Österreich produziert wird, absolut erstrangig ist. Das Zentrum der europäischen Malerei ist nicht mehr Paris, sondern Wien. Es hat sich nur noch nicht herumgesprochen.

Diese so eindrucksvoll beginnende Liste derzeitiger österreichischer Kreativität könnte man ohne weiteres und mit vielleicht weniger spektakulären, aber ebenso bezeichnenden Beispielen fortsetzen: unsere Keramiker, Goldschmiede, Graphiker sind einsame Spitze; mit unseren Theatern mag's, wie überall, hapern — aber der Qualität unserer Schauspieler, Regisseure und Bühnenbildner scheint das keinen Abbruch zu tun.

Ich kenne mich, zugegebenermaßen, auf anderen Gebieten weniger aus. Aber ich registriere, daß eine der wichtigsten Denkschulen der Gegenwart, nämlich die Verhaltensforschung, aus Österreich kommt. Ich stelle mit Vergnügen fest, daß die ehemalige Wiener Schule — meiner persönlichen Meinung nach — im Denken des Westens immer noch eine entscheidende Rolle spielt.

Nennen Sie mir, bitte, einen anderen europäischen oder, von mir aus, auch südamerikanischen Kleinstaat, der eine ähnliche Produktivität aufweist. Und weil wir da, vorübergehend, fast ins Chauvinistische geraten: fragen Sie sich bitte, welches größere Land — Namen werden nicht genannt — eine ähnliche Dichte an schöpferischer Leistung aufweist.

Ich möchte nicht mißverstanden werden: Ich tu nicht so, als ob hierzulande alles in Ordnung wäre. Es ist bei uns vieles nicht in Ordnung. Wir produzieren eine Menge Kunst, aber wir verunstalten gleichzeitig in barbarischer Weise unsere Kulturlandschaften. Wir bringen hervorragende Naturwissenschaftler hervor, aber wir verwüsten gleichzeitig unsere Landschaft wie die Vandalen. Wir lehren Verhaltensforschung, aber wir verhalten uns in vielen zwischenmenschlichen Bereichen wie die Hunnen.

Das alles ist wahr, kann nicht oft genug gesagt werden und wird bestimmt nicht besser durch den achselzuckenden Hinweis darauf, daß es anderswo auch nicht anders zugeht. Es ist ebenso wahr, daß wir ganze Regimenter von Genies hervorbringen, wie es wahr ist, daß wir mit dieser Menge an schöpferischer Potenz eigentlich nichts anzufangen wissen, aus Gleichgültigkeit, Sumperei und, immer wieder, aus jenem austromasochistischen Komplex heraus, der uns dauernd daran zweifeln läßt, daß ein Österreicher etwas wirklich Hervorragendes leisten könnte. Erst wenn deutsche Theater Wolfgang Bauer spielen, wird er auch von uns als der interessanteste deutschsprachige Dramatiker anerkannt; erst wenn die Romy Schneider einen französischen Film nach dem anderen dreht, ist sie auch für unsere Kinogeher ein Weltstar. Erst wenn Konrad Lorenz dicht vor dem Nobelpreis steht, strengen wir uns an, ihn nach Österreich zurückzuholen.

Und so weiter. Auch diese Liste ließe sich fast beliebig ergänzen. Wir sind schon eine merkwürdige Gesellschaft. Und Österreich ist ein merkwürdiges Land. Aber ebenso, wie solche Zustände und Verhältnisse mich ärgern und kränken und den auch mir eingeborenen Austromasochismus sich wollüstig-schmerzlich winden lassen — ebenso freut es mich, daß sogar das seit Jahrzehnten verhöhnte Bundesheer offenbar noch immer nicht so kaputt ist, daß es sich nicht ausgerechnet auf den Golan-Höhen anscheinend recht proper präsentieren könnte. Ebenso freut es mich, daß aus Achomitz plötzlich Skisprung-Weltmeister kommen, aus Kapfenberg Dichter, aus Tirol Weltrang-Graphiker und daß der wahrscheinlich bedeutendste Lepiteptorologe unserer Tage im Waldviertel sitzt und Forstarbeiter ist. Ich freue mich, daß in allen möglichen internationalen Gremien Österreicher im Vorstand oder auf dem Präsidentensessel sitzen. Und ich freue mich, wenn ich zum Beispiel in Tokio mit den cleveren Burschen der Handelsmission zusammenkomme oder in Warschau das österreichische Kulturinstitut besuche: da herrscht Weltläufigkeit sehr österreichischer und gar nicht provinzieller Art. Und allmählich kommt es mir vor, als ob alle diese und viele ähnliche Dinge und Ereignisse eigentlich viel typischer österreichisch seien als gewisse alltägliche Ärgerlichkeiten.

Und wenn ich mir das alles so ansehe, dann freue ich mich nicht nur, sondern habe das Gefühl, daß sich unser kleines Land aus mancherlei unerforschten Gründen derzeit in einem Zustand befindet, in dem es auf nahezu allen Gebieten, außer auf dem der bloßen nackten Macht, leisten könnte, was es will oder sich in den Kopf beziehungsweise in die Köpfe der Genies setzt.

Soweit meine, ich gebe es zu, sehr persönliche Bestandsaufnahme dessen, was Österreich und das Österreichische heute ist; eine Bestandsaufnahme, die, auch das gebe ich zu, nicht von einer Skala absoluter Wertigkeiten abgelesen, sondern durch Vergleiche mit unserer Umwelt zustandegekommen, also relativ ist. Die Frage, die sich nun ergibt, lautet: So ist es — und was fangen wir damit an?

Mir fallen aber, so sehr ich auch nachdenke, leider keine originellen Antworten ein. Ich habe nur ein paar logische Antworten parat.

Wo fangen wir an? Wie fangen wir es an?

Vor allem, so glaube ich, sollten wir endlich damit anfangen, den jetzt schon so oft zitierten Minderwertigkeitskomplex auf ein gesundes Maß zu reduzieren. Wir sollten keineswegs damit aufhören, den Zustand mancher Bundesbahnstationen als typisch österreichisch zu bezeichnen, sollten aber auch das Faktum, daß wir bisher keine Streiks gehabt haben, als etwas typisch Österreichisches empfinden; wir können ruhig die Lipizzaner, sollten aber auch die Puch-Haflinger, wir können ruhig die miserable Wiener Straßenbahn, sollten aber auch die hervorragend funktionierende AUA als typisch österreichisch bezeichnen. Wir sollten unseren nationalen Minderwertigkeitskomplex endlich reduzieren — nicht ihn ganz verlieren, denn ein gewisses Maß an Selbstzweifeln ist gesund und leistungsfördernd.

Wir könnten außerdem daran gehen, uns ein ebenso großes Maß an Selbstbewußtsein anzuschaffen, Gründe dafür haben wir genug; denn auch ein gewisses Maß an Selbstbewußtsein braucht man zur Gesundheit und Leistungsfreude. Ich fürchte, vorderhand jedenfalls, nicht, daß ein solches Selbstbewußtsein zur Selbstüberheblichkeit ausarten könnte — überheblicher als die Franzosen, die Deutschen und sogar die Schweizer werden wir sobald nicht werden, dazu sitzt unser Austromasochismus viel zu tief.

Erst ein solches gesundes Quantum Selbstbewußtsein, erst das Bekenntnis — dieses ohnehin schon vorhandene, aber noch nicht artikulierte, noch nicht formulierte Bekenntnis — zur eigenen Identität wird viele Dinge, die jetzt noch schief liegen, ins rechte Lot bringen. Wir werden wahrscheinlich auch dann noch einen Teil unseres schöpferischen Potentials ins Ausland exportieren müssen, denn Österreich ist ein Überschußland an Kreativität und das Genieangebot ist hierzulande — und darüber sollte man sich freuen — größer als die Möglichkeit, es an Ort und Stelle aufzubrauchen. Aber vielleicht werden unsere Gelehrten, Techniker, Künstler und so weiter dann ihre entscheidenden ersten Erfolgserlebnisse hierzulande und nicht erst irgendwo in der Welt haben können.

Die Ungunst und Gunst der Zeiten und der geschichtlichen Konstellationen hat uns, hat Österreich tüchtig gemacht; wir haben nur noch nicht begriffen, was das bedeutet. In dem Augenblick, in dem wir das endlich begreifen werden, in dem Augenblick, in dem sich unser nationales Selbstbewußtsein den schon vorhandenen Tatsachen anpassen wird — in diesem Augenblick werden wir zu noch ganz anderen Leistungen fähig sein: nämlich zu überlegten, konzentrierten, zu geplanten Leistungen.

Wir könnten Österreich, zum Beispiel, tatsächlich und wirklich zur ersten europäischen Kulturnation machen, ihm die Rolle verleihen, die einmal die Toskana gespielt hat. Die Genies, die Begabungen, die Talente sind vorhanden.

Das klingt wie ein Traum — und es ist ja auch ein Traum, der schon von vielen bedeutenden Österreichern in viel aussichtsloseren Situationen geträumt worden ist. Aber noch nie war die Möglichkeit, einen solchen Traum in die Wirklichkeit umzusetzen, so groß wie heute.

Wir könnten noch mehrere solcher Träume wagen, wenn wir uns nur entschließen wollten, uns auch politisch zu solchen Träumen zu bekennen, und sie nicht nur in Büchern oder Gedichten versteckten.

Beispielsweise könnte es zu einer Art geheimer Staatsdoktrin werden, Österreich zum Muster- und Modell-Land dieses Kontinents zu machen. Was stünde dem entgegen? Österreich war, nach einem bis zum Überdruß zitierten bösen Wort, schon die Versuchsstation für den Weltuntergang. Es könnte ebensogut — und war es ja auch schon

— eine Versuchsstation für Weltanfänge sein. Warum nicht? Die Gehirne dazu hätten wir. Die Erfahrungen dafür hätten wir auch. Fehlt nur die Courage, mit unserem Instrumentarium auch etwas anzufangen.

Österreich könnte — ich träume lustig weiter — dank seiner Überschaubarkeit, dank seiner gesunden föderalistischen Strukturierung der Welt ein Musterbeispiel, ein Modell dafür liefern, wie man ererbtes Kulturgut und technische Zivilisation vereint, wie man Umwelt lebenswert erhält oder lebenswert macht, wie man den Ausgleich zwischen Natur und Technik schafft. Es könnte. Es könnte weiterhin und quasi als Folge einer anderen geheimen Staatsdoktrin eine vergleichsweise Insel der Glückseligkeit bleiben. Es könnte so vieles. Warum versuchen wir es nicht?

Es könnte aber auch sein, daß die Zeiten und Verhältnisse, die auf Europa und die Welt zukommen, sehr, sehr schlecht sein werden. Es könnte sein, daß enorme Katastrophen auf uns niederprasseln, entsetzliche Erdbeben unsere Gesellschaft erschüttern werden. Das Mene mene tekel upharsin steht ja schon auf jeder Plakatwand geschrieben.

Wenn solche Zeiten kommen, werden es nur intakte Strukturen sein, die sie überleben; auch darauf wird sich ein gesunder, ausgeglichener Kleinstaat besser vorbereiten können. Auch Überleben kann eine Staatsaufgabe sein, auf die wir uns vorbereiten sollten. Nein, nicht sollten — müßten, wenn wir auch dann noch, auf einem wahrscheinlich viel niedrigeren Niveau, aber immerhin, eine bessere, humanere, eine lebenswerte Kleinwelt bleiben wollen.

Träume in die Wirklichkeit umzusetzen und, zugleich, zu verhindern, daß Albträume fürchterliche Realität werden — dies alles verlangt Opfer, und zwar auf allen Ebenen unserer Existenz.

Das verlangt beispielsweise gewisse intellektuelle Anstrengungen, um endlich wieder klare Begriffe zu gewinnen, um herauszukommen aus der vernebelten, schwummerlichen Abstraktionssprache, die von den Linken kreiert worden ist — jener Sprache, der das Wort „Gesellschaft" so leicht von den Lippen kommt und die doch immer unentschieden läßt, ob mit der „Gesellschaft" gerade die Menschheit, die Summe der Bürger, die Steuerzahler, das Volk oder nur halt einfach die Leute gemeint sind; jener Sprache, in der gewisse Vokabeln wie Gesetz, Ordnung, Disziplin, Heimat, aber auch Anstand, gute Sitte, Moral und hundert andere Wörter nicht mehr gebraucht werden dürfen; mit anderen hingegen, mit den Wörtern „sozial", „fortschrittlich", „emanzipiert" oder neuestens — zu meinem liberalen Leidwesen — „liberal" auch das etikettiert werden darf, was weder liberal noch sozial noch fortschrittlich ist.

Es ist an der Zeit, wieder klarer und deutlicher zu denken. Das ist anstrengend, aber es wird sich lohnen.

Immerhin, Denken kostet wenigstens nichts. Andere Dinge werden uns sehr wohl etwas kosten. Eine Verbesserung Österreichs wird nicht möglich sein ohne die grundsätzliche Änderung einer Steuerpolitik, die statt einer vernünftigen Landschaftsgestaltung die Zersiedelung und Verhüttelung des Landes, statt der Erhaltung eines Kunstdenkmals das Einheits-Siedlungshaus, statt der Parks die

Parkplätze und statt der Kinder die Hunde und Autos begünstigt, einer Steuerpolitik, die immer noch den Verbrauch von Energie belohnt statt begrenzt. Und unsere Politiker werden aufhören müssen, einander mit ihren Geschenk-Angeboten bis zur Lächerlichkeit zu überbieten; aufhören mit dem Prinzip, unsere Staatsbürger für Dinge zu belohnen, die sie ohne Belohnung auch täten und bisher ja schließlich auch getan haben, weil sie es für ihre Pflicht gehalten haben, es zu tun — vom Heiraten bis zum Kinderkriegen, vom Kauf eines Schulbuchs bis zur Selbst- und Weiterbildung; denn dies alles scheint ja auf einmal keine selbstverständliche Pflicht mehr zu sein, sondern etwas, was offenbar belohnt werden muß. Aber auch das Wort „Pflicht" ist ja inzwischen verdächtig geworden, wenn ich nicht irre. Nur freilich: jeder Erzieher, jeder Lehrer weiß, daß die Belohnung des Selbstverständlichen zur Demoralisierung führt — und nicht nur dazu, sondern auch zur Unselbständigkeit. Beides wird in den Zeiten, die auf uns zukommen, verhängnisvoll sein.

Die Zeiten mögen leidlich gut bleiben oder sehr schlecht werden, verändern wird sich die Welt in jedem Falle. Verändern wird sich also auch die Umwelt, in der sich unser Land behaupten muß. Wenn wir, was so möglich erscheint wie noch nie, dieses unser Land Österreich zum Besseren, ja zum Guten oder sogar sehr Guten verändern wollen, werden wir nicht nur viel leisten, sondern auch Opfer bringen müssen.

Vor einem solchen Gedanken scheuen die Politiker zurück: Opfer zu verlangen scheint ihnen derzeit noch nicht populär. Ich fürchte, daß sie damit einen schweren Fehler begehen. Wenn die Politiker sich scheuen, von notwendigen Opfern zu sprechen, dann werden sich die Bürger scheuen, Opfer zu bringen — auch, wenn sie längst notwendig geworden sind. Ein Staat, ein Volk, eine Nation meinetwegen, wird aber verkümmern, wenn seine Bürger nicht bereit sind, Opfer zu bringen.

Ich denke jedoch, daß unsere Politiker diesbezüglich irren. Ich glaube, sie sollten es auf einen Versuch ankommen lasssen. Denn wie die Lage nun einmal ist und wie die Dinge nun einmal laufen, wird die Zukunft jenen Politikern, jener Partei, jenen Programmen gehören, die es wagen werden, wieder von Pflichten und Aufgaben, von Notwendigkeiten und auch von Opfern zu reden, die zu leisten oder zu erfüllen sind, um ein Land in einen Zustand zu versetzen, in dem zu leben es sich weiterhin und wirklich lohnt.

Wien: Wirklichkeit und Traum

(1983)

Immer, wenn Jahrhunderte zu Ende gehen, ereignet sich in Wien plötzlich etwas ganz Neues.

Wien 1690: nach etlichen Pestepidemien, der Türkenbelagerung und einer auch sonst ziemlich grauslichen Geschichtsperiode erscheint wie aus dem Nichts das Wunder des Wiener Barock.

Nach 1790: Die politische Situation ist verwirrt, die außenpolitische zum Verzweifeln, die wirtschaftliche nicht eben rosig. Aber aus dem Durcheinander entsteht, fast von heute auf morgen, das Wiener Biedermeier — und das bedeutete ja nicht nur Ringellockerln und Kleinbürgerlichkeit, sondern auch Beethoven und Schubert und Stifter und . . .

Wie es um 1900 war, das konnte man sich ja teilweise in der Wiener Künstlerhaus-Ausstellung „Traum und Wirklichkeit" ansehen — sehr teilweise, denn selbst eine solche Monsterschau vermochte dem Reichtum an Geist, Können und Begabung nicht gerecht zu werden, der damals, auch wieder unerwartet, Wien erfüllt hat.

Natürlich ist das nur so eine Art von kulturgeschichtlichem Stenogramm. Aber daß die Jahrhundertwenden in dieser Stadt tatsächlich auch immer Höhepunkte ihrer Geschichte waren, wird wohl jeder Historiker bestätigen können, auch wenn er es nicht erklären kann. Vielleicht ist da ein geheimnisvoller Bio-Rhythmus am Werk: auf ihre Weise ist auch eine Stadt sowas wie ein großer Organismus, der ein- und ausatmet, manchmal deprimiert und bisweilen auch high ist, lange schläft und schnell erwacht.

Ich glaube ernsthaft, daß Wien, dieser alte Vulkan, wieder vor einem solchen Ausbruch steht. Es freut mich, daß auch politische Gegner im Gemeinderat sagten, möglicherweise hätte ich recht mit meiner Meinung. Denn natürlich ergeben sich aus der Einsicht, daß etwas Großes auf Wien zukommt, allerlei Überlegungen auch für die Politik. Würde sie, zum Beispiel, die neuen Dinge wieder genauso übersehen wie damals, um und nach 1900? Damals nahm nur eine kleine Intelligenzschicht wahr, was sich da ereignete, und es dauerte weitere achtzig Jahre, bis wir uns von Amerikanern, Edinburghern und Italienern drauf aufmerksam machen ließen, daß Wien ein Kultur-Kapital besitzt, um das es sich kümmern müsse. (Auch die Kultur gehört — und wie! — zum Kapital eines Landes, von seinem Selbstwertgefühl oder seinem Image gar nicht zu reden — und darum ist sie, auch, eine Angelegenheit der Politik.)

Wien hat in Sachen Kultur immer Überschüsse produziert, und Österreich ist halt ein zu kleines Land, als daß es diese Fülle aufsaugen oder verwenden könnte; es wird bei uns immer unverhältnismäßig mehr Schauspieler als Bühnen, Literaten als Verlage, gute Architekten als gute Aufträge geben. Aber sollen wir darum unsere Begabungen wiederum, wie so oft schon, in die Emigration schicken? Vermutlich will das keiner. Aber was soll unsere Gesellschaft sonst mit ihnen anfangen?

Nun, sie könnte sich endlich dazu durchringen, Steuergesetze zu schaffen, die Ankäufe oder Stiftungen für Geldbesitzer rentabel machen. Damit wäre schon viel geschehen. Sie könnte ferner den Produzenten helfen, ihre Produktionen und Fähigkeiten selbst zu vermarkten, ohne daß sie uns dabei verlorengehen — durch Subventionen und Kredite für Ausstellungen, Konzerte und Auftritte im Ausland, durch eine bessere Dotierung der Österreich-Institute, die sich mühsam gegen die westdeutschen Goethe-Institute durchsetzen müssen. Eine Kunst-Außenpolitik muß geschaffen werden — wie die der Franzosen, die schon längst begriffen haben, daß man mit Kultur eine bessere Außenpolitik treiben kann als mit Kanonen.

Aber wer weiß: Vielleicht hat der eine oder andere schon begriffen, daß es außer Draken, Zwentendorf und Staustufen noch andere Themen gibt, die für einen Politiker interessant sein könnten. Und am Ende sogar lohnender.

Ein Haufen Future

(1983)

In den fünfziger Jahren war ich mit vielen Gleichaltrigen befreundet, die in Wien malten, schrieben oder musizierten; und die, mit denen ich nicht befreundet war, kannte ich doch. Und natürlich kannte ich die Umstände, unter denen sie damals lebten und arbeiteten — sehr schwierige, denn die Wiederaufbau-Zeit war Aus-der-Reihe-Tänzern nicht eben günstig. Schon darum ist die „Szene" von damals mit der heutigen kaum vergleichbar: da hat sich innerhalb einer Generations-Spanne viel oder alles geändert — und zwar zum Besseren, wie ich mit der Sicherheit dessen behaupte, der es halt erlebt hat.

Irgendwer, ich kenn' ihn nicht, ruft mich an: ob ich nicht in seinem Café — ich kenn' es nicht — eine Ausstellung von jemandem, den ich nicht kenne, eröffnen will. Das Café ist schwer zu finden, denn Geschäftsschild hat's keines, und als ich's dann doch finde, entpuppt es sich als eines von diesen vielen typischen Wiener Souterrain-Lokalen, in denen früher einmal irgend eine Werkstätte zu Hause war.

Die Besitzer, zwei junge Leute, haben es mit wenig Geld im Flohmarkt-Stil revitalisiert — nicht zwei Sessel oder Tischerl gleichen einander, aber „Atmosphäre" schaffen sie genug.

Hundert Quadratmeter, aber je Quadratmeter mindestens zwei Gäste, jede(r) kennt jede(n), der Altersdurchschnitt dürfte bei 25 liegen; Kleidung, Haltung und Gesprächston: eher bürgerlich.

Ich rede was Freundliches über die ausgestellten

Graphiken — Stil: Dritte Generation der Wiener Schule, jedoch mit ganz interessanten Ansätzen zu esoterischer Symbolik —, kriege für den Aussteller und mich freundlichen Applaus, finde mein Tagwerk abgeschlossen und lasse mich nieder, um endlich was zu essen.

Und auf einmal stehen da zwei Musikanten, sie singt, er begleitet auf der Gitarre, und dann kommt einer mit einer Trompete, und eine Weile später noch einer, und bis in die Früh' hinein werden Sachen gesungen und gespielt, die ich zwar nicht ganz verstehe, die mir aber kunstvoll und gekonnt vorkommen. Und ich erfahre, daß dergleichen hier allnächtlich stattfindet, und daß derzeit in schätzungsweise fünf oder sechs Dutzend solcher Lokale regelmäßig live musiziert wird.

Wie war das so nach 1950? Nun, da gab's den „Strohkoffer" des Mecky Lersch und darin den Uzi Förster, aber das hielt sich nicht lange. Und dann führte noch der Bill Grah ein Lokal, das auch nicht lange existierte, und da wie dort (und für eine Weile auch in seinem „Saloon") spielte Fatty George, Ehre seinem Angedenken. Und das war so ziemlich alles.

Kein Vergleich zwischen gestern und heute.

Zwar bin ich einer seiner Väter (erfolgreiche Dinge haben davon ja immer mehrere) — aber trotzdem gehe ich nicht oft ins „Metropol", weil's mir dort zu laut ist; der 100-Phon-Krach, der heute von den Jüngeren als unterste Grenze akustischen Genusses verlangt wird, bereitet mir nicht nur körperliches Unbehagen, sondern schon wirklichen Schmerz.

Immerhin, solange ich das ertrage, finde ich die Szene dort höchst eindrucksvoll: Die Elektro-

Instrumente dröhnen, ein paar hundert junge Leute starren auf die kleine Bühne, wort- aber nicht bewegungslos, denn ihre Körper wippen auf und nieder, den Rhythmus der Instrumente und das Gezucke der bunten Lichter akkompagnierend. Auf der Bühne führt eine Rock-Gruppe allerhand Pantomimisches vor: Gesten des Drohens, mir unverständliche Beschwörungen, offensichtliche Versuche, das Publikum entweder aufzupeitschen oder auch in Trance zu versetzen.

Ein paar Tage zuvor war ich im „Serapions Theater" des Erwin Piplits. Die gleichen Stilmerkmale hier wie dort: enorme Spielfreude, Lust am scharfen Kontrast, am theatralischen Effekt, die gleiche Rücksichtslosigkeit, ohne Umweg auf die Sensorien des Publikums loszugehen. Nur daß halt am Wallensteinplatz das Kunstwerk bezweckt wird, aber hier . . .

. . . ja, was ist das hier eigentlich? Mag sein, daß sich hier, hundertzwanzig Jahre nach Nestroy, eine neue Art von Volkstheater entwickelt, nicht eines aus dem Wort diesmal, sondern eines aus den Rhythmen mehr oder weniger spontanen Show-Musizierens. Die gegenseitige Abhängigkeit von Akteuren und Zusehschauhörern könnte darauf hindeuten.

Metropol, Hauffgasse, Arena, Auftritte in der Stadthalle und so weiter — dergleichen hat's noch vor zehn Jahren nicht gegeben. Und auch nicht diese Programmzeitschriften á la „Falter", die doch offenbar ganz gut davon leben, daß genug solcher Veranstaltungen und natürlich auch genug Interessenten dafür vorhanden sind. Kollege Alf Krauliz, der als Metropol-Chef und Stadtfest-Manager sowas ja wissen muß, schätzt die Zahl dieser Interessenten auf 30.000 bis 50.000. Und er meint, daß allein in Wien mindestens 500 Musikgruppen den Weg zum Auftritt suchen. Das alles war in den fünfziger Jahren buchstäblich unvorstellbar. Von den Medien und der „großen" Öffentlichkeit wird diese Kulturszene merkwürdigerweise fast überhaupt nicht wahrgenommen, obwohl sie doch umfangreich genug ist.

Das Beisel in der Lerchenfelderstraße ist weder ein „In"- noch ein „Szene"-Lokal (aber was heißt das schon? Wenn die oben zitierte Programm-Presse zwei Schocks von Lokalen diese Prädikate verleiht, wird die Ausnahme schon zur Regel), sondern halt ein ganz normales Beisel mit gutem Essen und dem üblichen grauslichen Neon-Licht. Aber: an zwei zusammengestellten Tischen links und an dreien rechts von mir sitzen junge Leute, Ehepaare, Pärchen und etliche Einzelgänger — kein Szenevolk, sondern Angestellte, Verkäuferinnen und Beamte, die sich hier nach Arbeitsschluß zum gemeinsamen Abendessen treffen. Es rennt der Schmäh, natürlich, es blüht der Klatsch, organisch. Weiter nichts Besonderes dazu zu sagen.

Oder doch? Doch: Damals, vor dreißig Jahren, wäre dieses Bild, dessen man heute in jedem Beisel, jedem Café und bei jedem Heurigenbesuch ansichtig wird, völlig atypisch gewesen. Damals hielten sich die Jungen fern von solchen öffentlichen Orten (das Kaffeehaus galt als konservativ, der Heurige als spießbürgerlich) und trafen sich lieber in der Wohnung, im Atelier oder sonst wo in abgesonderten Räumen; das „Raimund" und das „Hawelka" waren rare Ausnahmen. Ich denke, daß sich auch in solchen Phänomenen beachtliche Kulturwandlungen anzeigen.

Draußen in Meidling, wo die Arndtstraße in die Hauptstraße einmündet. Ein junger Tapezierermeister, noch regelrecht im Souterrain arbeitend, stellt in seiner Werkstatt die Ouevres malender oder sonstwie bildender Aussteiger aus: Allmonatlich eine Eröffnung und dazu jedesmal eine kleine Festivität mit Wein und Schmalzbrot. Das Publikum setzt sich aus Freunden und Bekannten und deren Freunden und deren Bekannten zusammen, und hat infolgedessen die Tendenz, von Monat zu Monat ein bißchen anzuwachsen. Die Verkäufe sind nicht üppig, lassen die Aussteller aber auf ihre Rechnung kommen. Das Interessante daran ist aber, daß so gut wie alle Interessenten nicht „aus der Stadt", sondern aus dem Grätzel kommen.

Damals, nach dem Krieg, verfügte Wien über zwei (!) Galerien, in denen junge Künstler ausstellen konnten, und dazu die Secession und das Künstlerhaus und grade noch die Zedlitzhalle, in der sie freilich kaum willkommen waren.

Heute verzeichnet die „Vernissage", die Programm-Zeitung der österreichischen Galerien, über 150 reguläre (und etliche irreguläre) Ausstellungs-Möglichkeiten. Und: damals hörte die Kultur an der Zweierlinie auf; das Theater in der Josefstadt war schon eine Ausnahme, ein vorgeschobener Vorposten der Inneren Stadt-Kultur gewissermaßen.

Das sind ein paar eher zufällige Einblicke, mehr nicht. Ein Überblick über das Ganze ist nicht mehr möglich: die Nächte eines Jahres gingen drauf, wollte man nur die Live-Musik-Szene kennenlernen, die Tage eines Jahres, um festzustellen, was in den Galerien gezeigt und den Ateliers entwickelt wird; ebenso lange brauchte man, um sich durch die Mengen von Lyrik durchzulesen, die derzeit produziert werden; unbestimmt lange Zeit, um wenigstens einigermaßen registrieren zu können, was sich heute in Wien an Film- und Video-Versuchen, an Spontan-Aktivitäten, an Gruppen-Aktionen und Projekten aller Spielarten bildet und entwickelt.

Damals, vor dreißig Jahren, hat eine Woche genügt, um den Überblick zu kriegen. 1953 und 1983 — beides erlebt, kein Vergleich. „Sowas gibt's höchstens noch in New York", sagt mir der ARD-Fernsehregisseur, der gerade eine Dokumentation über die „Wiener Szene" dreht; derselbe Typ hat noch vor vier oder fünf Jahren Wien unter dem Klischee-Aspekt „Faszinierende Morbidität" geschildert. Jetzt ist er ganz desorientiert, weil ihm von Drehtag zu Drehtag unklarer wird, wie er seinen neuen Überblick in 55 Sendeminuten unterbringen soll.

Zwei Meinungen zur Situation sind denkbar: die griesgrämige, daß es sich hier um eine Art von geistiger Inflation handle, erklärbar aus einem offenbaren Bedürfnis so vieler Junger, in Scheinwirklichkeiten zu flüchten, ermöglicht durch einen allgemeinen Wohlstand, der mehr oder weniger parasitären Existenzformen als Nährboden dient.

Die andere Meinung: hier findet ein ungeheurer Kulturwandel statt; die Parvenu-Generation der Nachkriegs- und Konsumgesellschaft (ja doch: deren Kulturverhalten war das von Neureichen) weicht Jahrgängen, die — in der einen oder anderen Weise — Kultur zum Lebensziel haben; hinzu kommt, daß diese neuen Jahrgänge nicht nur zahlenstark, sondern auch ungewöhnlich begabt sind; solche Mutations-Sprünge sind ja in der Kulturgeschichte nicht ungewöhnlich, und in Wien schon gar nicht.

Ich hänge dieser zweiten Meinung an. Ich halte es für möglich, für sehr möglich sogar, daß in weiteren zehn Jahren, wenn sich das, was sich jetzt noch manchmal absurd zu gebärden scheint, ein bißchen gesetzt und geklärt haben wird (denn wohlgemerkt: es war hier ausschließlich von den jetzt Zwanzig- bis Zweiundzwanzigjährigen die Rede), Wien so was wie ein neues Athen oder Florenz sein könnte.

Das mag jetzt vielleicht noch utopisch oder auch komisch klingen.

Aber wir können uns in zehn Jahren ja wieder darüber unterhalten.

Gemeinderatsreden

Der Weltgeist weht durch den Votivpark

(2. 7. 1981)

Herr Vorsitzender! Herr Stadtrat! Meine Damen und Herren!

Ich weiß nicht, wie es Ihnen geht, wenn Sie auf der Straße spazieren gehen und unter die Leute kommen. Mir geht es jedenfalls so, daß ich gelegentlich frühere Kollegen, etwa aus dem Journalistenmilieu, oder alte Freunde treffe, die ich länger nicht gesehen habe. Natürlich, wenn man sich länger nicht gesehen hat, erkundigt man sich, wie es einem so geht, und natürlich kommt dann immer wieder an mich die Frage, wie es denn so geht in der Politik, wie das so ist, wenn man Politiker ist. Ganz allgemein haben ja die Menschen heute ein gewisses Politik-Unverständnis, jedenfalls können sie sich offensichtlich schwer vorstellen, daß sich jemand wie ich, der relativ spät in diesen Beruf gekommen ist, in der Politik wohlfühlen könnte.

Sie sind dann immer ganz erstaunt, wenn ich sage: Ja, ich fühle mich wohl, nein, ich kann mich nicht beklagen. Ich versuche dann meistens zu erklären, daß Politik eine sehr wichtige Sache ist, daß die Politiker aller Parteien — ich bin da durchaus Demokrat — nicht anders sind als andere Menschen auch. Ob ich mit diesen Erklärungen viel Erfolg habe, weiß ich nicht. Ich habe eher das Gefühl, daß die Leute momentan keine besonders gute

Meinung von den Politikern im allgemeinen haben.

Aber was mich persönlich betrifft, rein subjektiv gesprochen: Ich fühle mich durchaus wohl, wirklich! Ich erlebe viele kleine und größere Erfreulichkeiten. Und dann natürlich — ich bin halt ein Schreibender, und neugierig bin ich auch — ist Politik für einen solchen ein hochinteressantes Betätigungsfeld. Mit einem Wort: Ich fühle mich wohl, ich genieße viele Freuden.

Dennoch gibt es innerhalb dieser ständig sich wiederholenden, dieser gleichbleibenden Freude an der Politik und an Ereignissen, wie etwa dieser Gemeinderatssitzung, gewisse besondere Höhepunkte, Gipfel des stillen Jubels gewissermaßen, Momente, in denen man das unbeschreibliche Gefühl hat: Ja, da weht er, der Weltgeist!

Einen solchen Moment erlebte ich, als sich Herr Stadtrat Schieder zum Zwecke der Stadtverschönerung im Votivpark auf den Bauch legte. Erhebende Gefühle überkamen mich, nein, durchschäumten mich beim Anblick dieser Szene, Gefühle, wie sie ähnlich nur die alten Syrer und Juden gehabt haben mögen, als Saulus vom Pferde fiel und plötzlich ein Paulus wurde.

Schieder auf dem Bauche, im Grünen, wenn auch glücklicherweise durch eine Decke von den Hundstrümmerln abgeschirmt, die dort nach wie vor häufig sind. Ja, das ist es, dachte ich, hier beginnt eine neue Epoche, und du, Mauthe, du kannst von dir sagen, du bist dabei gewesen. Ja, mehr noch: Mauthe, du bist vielleicht sogar eine ganz kleine von den unzähligen Ursachen, die Herrn Stadtrat Schieder zu diesem übermenschlichen Entschluß bewegt haben.

Heilige Schauer überrieseln mich, wenn ich daran denke, wie ich vor fünf Jahren, schüchtern, als kleiner Journalist, dem großen Stadtrat Schieder gegenübertrat um ihm zu sagen, daß es doch schön wäre, würde man in Wien ein paar häßliche Feuermauern mit Parthenocissus tricuspidata, auch Veitschi genannt, begrünen. Tatsächlich hat er dann an den Stadtbahnbögen bei der Westeinfahrt und am Döblinger Gürtel ein paar Veitschistöcke setzen lassen, womit es dann leider für fünf weitere Jahre zu Ende war, denn man müsse, wie mir Stadtrat Schieder noch kürzlich gesagt hat, erst Erfahrungen mit dem Veitschi sammeln.

Aber jetzt steht in dieser wirklich schönen „Ganz Wien trägt Grün"-Broschüre ausdrücklich, daß der Veitschi das Stadtbild doch sehr verschönert und weitere Pflanzungen geplant sind. Das illustrierende Foto zeigt irritierenderweise nicht etwa wuchernde Veitschi an einem städtischen Wohnblock oder gar an den Blocks der »Sozialbau«, wo sie bekanntlich auf Grund eines gerichtlichen Urteils weggeräumt werden, sondern am Dominikanerkloster. Sollte sich hier andeuten, daß Stadtrat Schieder, nachdem er nun grün geworden ist . . .

Herr Stadtrat Schieder! Sie erinnern sich gewiß an die interessanten und tiefgründigen Gespräche, die wir damals miteinander geführt haben. Keine Angst, ich werde nicht indiskret sein. Aber die Sache mit den Blumenkisteln auf den Balkonen dieses ehrwürdigen Rathauses, deren Sie sich in einer Ihrer Broschüren rühmen: auch bei denen habe ich seinerzeit mitreden dürfen. Sie erinnern sich sicher daran, wie ich Ihnen erzählte, daß zum

Beispiel das Münchner Rathaus — ich war zufällig vorher in München —, das auch so ein neugotischer Bau ähnlich dem hiesigen ist, so hübsch mit Blumen in den bayrischen Farben weiß und blau geschmückt ist. Und tatsächlich haben Sie dann auch Blumenkisteln am Wiener Rathaus anbringen lassen.

Vielleicht darf ich Sie jetzt, so viele Jahre später, mit Hilfe eines kleinen Antrages, unterzeichnet von mir und meinem Kollegen Fürst, zu noch größerer floristischer Leistung verleiten, indem ich Sie auffordere, im nächsten Jahr die Rathausbalkone nicht nur mit roten Pelargonien, sondern auch noch mit weißen Pelargonien oder mit weißen Petunien zu besetzen, denn noch sind die Wiener Stadtfarben nicht rot, sondern rot-weiß . . .

Ich weiß schon: Was überall sonst — in der Literatur, in der Industrie oder sonstwo — als krasse Urheberrechtsverletzung, als Nachahmung, als Plagiat, ja sogar als geistiger Diebstahl klagbar wäre, in der Politik ist es das nicht; dafür muß man sich nicht genieren, obwohl es, wie Ihr Kollege Zilk beweist, nicht notwendig wäre. Der sagt nämlich öfter, von wem er welche Ideen hat.

Ich weiß, daß das kleinliche Einwände sind, wenn so große Dinge geschehen, wenn der Weltgeist durch imaginäre Baumwipfel rauscht, der Herr Stadtrat Schieder sich auf den Bauch legt und mit noch nie dagewesenem Aufwand nicht nur 500.000 neue Bäume, sondern auch mich pflanzt.

Nein, es ist nicht das Grüne am Stadtrat Schieder, das mich an seiner Größe zweifeln läßt, es ist vielmehr ganz überraschend die miserable Publicity, die er darum entfaltet. Die ist es, die meinen

Widerspruch als Oppositionssprecher wie auch als Journalist hervorruft (. . .)

Ich gebe schon zu, daß man, wenn man Hals über Kopf, über Nacht sozusagen, eine Grünwelle kreieren muß, in der man dann ein bißchen herumpritschelt, daß man da auch einen Schnitzer machen kann. Aber das, was Sie an falschem, an halbem, ja an kindischem Propagandamaterial geliefert haben, wie die grünen Fahnderln auf den Straßenbahnwaggons, die schon nach der ersten Woche dreckig und zerfranst gewesen sind, wie diese Bilder vom Kloster-Veitschi, von Ribiseln und Kohlhäupteln. Also ich möchte wissen, wie viele Bäume sinnlos für die Erzeugung des Papiers dieser Plakate, Broschüren, dieses ganzen Publicity-Hollers geopfert wurden.

Und wir möchten wissen, Herr Stadtrat Schieder, und wir erwarten mit Spannung Ihre Auskunft, wie viele Quadratmeter Beserlpark und Parkverbesserungen man mit diesem Geld hätte schaffen können, mit diesem Geld, das eine Grünaktion vortäuscht, weil da irgendwer in Ihrem Kreis in Panik verfallen ist, weil er draufgekommen ist, daß Grün tatsächlich gut für die Augen und die Busek-Partei ist.

Wir, Herr Stadtrat Schieder, die Ihr Damaskus — oder war es Canossa — vor der Votivkirche erlebt haben, werden Sie auch weiterhin trotzdem nicht im Stich lassen. Wir werden uns — seien Sie völlig unbesorgt — schon noch ein paar Sachen einfallen lassen, die Sie sich dann mit ein bißchen Verzögerung als fremde Federln auf den Hut stecken können.

Vorderhand hoffe ich ernstlich, daß Kollege

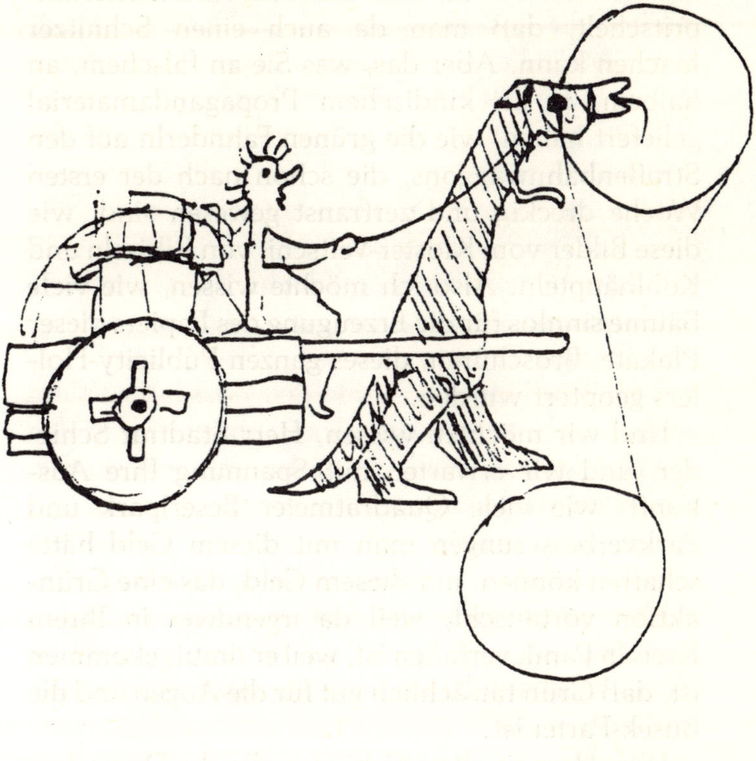

Schieder nun auf seinem Grüntrip vielleicht auch noch ein paar Dinge erledigen wird, die mir und jedem, der Wien schöner haben will, am Herzen liegen. Vielleicht wird er jetzt auf seine Kollegen einwirken, die Steinhofgründe nicht zu verbetonieren und die Rosenhügelgründe nicht zu verbauen. Dafür könnte er sich in der nächsten Propagandaschrift bestimmt sehr, sehr wirkungsvoll rühmen.

Vielleicht macht er sich jetzt noch daran, das Heustadelwasser von jenem Gift zu befreien, das seit Jahren, wenn nicht Jahrzehnten, von den Autobahnbrücken heruntertropft.

Vielleicht schafft er es doch, die winterliche Salzstreuung abzuschaffen, die nach wie vor so viele Bäume kaputtmacht.

Vielleicht läßt er sich von den Wissenschaftlern endlich doch sagen, daß der Baumschnitt an den Wiener Bäumen nicht so barbarisch sein müßte, wie er bis jetzt durchgeführt wird.

Vielleicht probiert er es doch noch, aus der Unteren Lobau ein echtes Vollnaturschutzgebiet zu machen, und vielleicht sagt er sogar geschwind noch, sozusagen in letzter Minute, etwas gegen die Flötzersteig-Autobahn — lauter Sachen, die man großartig für die nächste Propagandawelle verwerten könnte.

Vielleicht sorgt er doch dafür, daß die »Sozialbau« ihre Mieter nicht gerichtlich verfolgt, wenn sie Veitschi über die Mauern dieser Betonsilos wachsen lassen oder Blumenkästen ins Fenster stellen.

Vielleicht kümmert er sich jetzt endlich um die Begrünung der Wiener Flur, vielleicht sorgt er nun doch dafür, daß in den Sandkisten der Wiener

Parks Ordnung geschaffen wird, und vielleicht kümmert er sich darum — Umweltschutz ist ja sein Ressort —, daß es in Simmering nicht mehr stinkt.

Ich gebe Ihnen mein Ehrenwort, Herr Kollege Schieder — damit etwas Versöhnliches zum Schluß noch gesagt wird —, daß ich Sie in diesen Fällen nicht des Plagiats bezichtigen würde, aus purer Dankbarkeit dafür, daß Sie tun, was zu tun schon längst ihre Pflicht und Ihr Amt wäre.

Die Stadt braucht eine urbane Kultur

(15. 12. 1981)

Herr Berichterstatter! Meine Damen und Herren!

Ich freue mich, Herr Stadtrat Zilk, daß sich Ihr Adrenalinspiegel zu später Stunde wieder eingepegelt hat. Das macht es mir angenehmer und leichter, mein ursprüngliches Konzept durchzuhalten und ein bißchen ins Philosophische zu gehen.

Vielleicht erinnern Sie sich daran, daß wir in einer der letzten Gemeinderatsdebatten eine kleine Diskussion über den Kulturbegriff Wiens im allgemeinen und den von uns beiden im besonderen begonnen haben. Ich sagte damals, daß wir Ihrer Kulturpolitik, von gewissen Ausnahmen natürlich abgesehen, grosso modo unsere Zustimmung geben könnten, denn sie entspreche durchaus einem liberal-konservativen, um nicht zu sagen bürgerlichen Kulturbegriff, einschließlich des Kulinarischen und der Pflege des Traditionalistischen usw. Das war gar nicht so ironisch gemeint, wie es geklungen haben mag. Ich habe es eigentlich eher bedauert, daß Sie das damals nicht als Kompliment genommen haben, sondern daß Sie hier ans Pult gegangen sind und gesagt haben, Sie leiten Ihren Kulturbegriff vielmehr aus der Arbeiterkultur der dreißiger Jahre ab. (. . .)

Nichtsdestoweniger möchte ich die Diskussion zwischen uns an diesem Punkt fortsetzen. Mögen Sie Ihren Kulturbegriff aus einer durchaus historisch gewordenen Arbeiterkultur ableiten und ich den meinen aus einem etwas weiter zurückreichenden bürgerlichen Liberalismus, in der Praxis sind wir, glaube ich, von gewissen Ausnahmen selbstverständlich abgesehen, uns beide ja wohl einig, daß wir es mit der Gegenwart zu tun haben und daß die Gegenwart und dieser Ort, nämlich diese Stadt, mehr verlangen und natürlich auch mehr brauchen als Teilbereichskulturen, Lagerkulturen, Ghettokulturen und Subkulturen, die dann von immer wieder auftauchenden Ideologen zum gegenseitigen Ausspielen mißbraucht werden.

Ich glaube, daß wir uns darüber vielleicht einigen könnten, daß unsere Stadt sehr viel mehr nötig hat als das, nämlich eine wahrhaft urbane Kultur, die vereinend und nicht trennend wirkt. Daß in diesem Punkt eine gewisse, wenn auch meistens stillschweigende Übereinstimmung zwischen den Lagern herrscht, beweist mir die bis jetzt vergleichsweise gute, bisweilen sogar angenehme Arbeit, die in den verschiedenen Gremien — Festwochen, Kulturausschuß, Altstadterhaltungsfonds usw. — geleistet wird. Bis jetzt natürlich; denn Wechsel für die Zukunft kann man da nicht abgeben. (. . .)

Was ich freilich bedaure, ist, daß über den aktuellen Fragen und Auseinandersetzungen leider die Reflexion zu kurz kommt, immer zu kurz kommen muß. Das gilt wahrscheinlich nicht nur für den Kulturbereich, aber dort gilt es ganz besonders, weil Reflexion, das Nachdenken über die Sache selbst, schon Teil der Kultur ist. Da gibt es gerade unter dem Gesichtspunkt einer Urbankultur, wie wir sie uns alle wünschen und anstreben, jede Menge Fragen und neuartige Problematiken.

Ich weiche aus gegebenem Anlaß ein wenig ab und gehe gleich auf das derzeit aktuellste Thema ein. Es ist nun einmal so, daß das Kunsthistorische Museum, das Sie in Ihrer Aufzählung der Wiener Kulturinstitutionen vergessen haben, eine besonders bedeutende Stellung einnimmt. Im Kunsthistorischen Museum ist Österreich immer noch eine Weltmacht und Wien eine Weltstadt. (. . .)

Wie Sie wissen, geht die Hofrätin Klauner in Pension, wie Sie ebenfalls wissen, zeigt die Frau Minister Firnberg hier eine gewisse Tendenz, über die Besetzung des Generaldirektor-Sessels der Kunsthistorischen Sammlungen allein und ex cathedra zu entscheiden, wovor man sich angesichts gehabter Entscheidungen nur fürchten kann.

Da nun aber das Kunsthistorische Museum keine Sammlung Ludwig ist, sondern ein Museum von Weltbedeutung, da die Besetzung der dortigen Sedisvakanz ergo dessen nicht nur eine weit über den Minoritenplatz und über Österreich hinaus weisende Wichtigkeit hat, bitte ich Sie, dieses Problem nach Möglichkeit wirklich nicht der Willkür einer starrsinnigen alten Dame zu überlassen. Die Frage der Kandidaten gehört öffentlich diskutiert, wie das ja auch der Kunstsenat gefordert hat, und auch Sie, Herr Stadtrat, haben mitzuwirken, daß an die Spitze des Kunsthistorischen eine Persönlichkeit kommt, die für diesen Posten nicht nur die erforderliche wissenschaftliche Qualität besitzt, sondern auch bewiesen hat, daß sie alle Anforderungen der zeitgenössischen Ausstellungsmethodik mit Glanz zu bestehen weiß, die über die eigene Disziplin hinausdenkt und womöglich auch noch gewisse Managementqualitäten besitzt. Außerdem sollte es sich, wenigstens meiner persönlichen Meinung nach, um einen Österreicher handeln, der auch im Forschungsbereich den Anschluß an die große Tradition der Wiener kunsthistorischen Schule wahrt. Hier mitzureden, und zwar auf sozusagen höchstem Niveau, ist Ihre Pflicht, Herr Stadtrat. Ich könnte mir sogar vorstellen, daß wir uns unter Umständen auf einen gemeinsamen Kandidaten einigen könnten.

An diese nur scheinbare Abschweifung schließe ich eine zweite, die ebenfalls nur scheinbar ist, weil auch sie genau auf jenen Punkt zielen sollte, dem unser aller Interesse gilt, nämlich dem einer neuen Urbankultur.

Es ist ja keine Frage, daß sich unsere Welt, und unsere Stadtwelt im besonderen, in den letzten Jahrzehnten mit fortschreitendem Wohlstand auch fortschreitend verhäßlicht und an urbaner Kultur gewaltig verloren hat. Da hat ein Prozeß stattgefunden, an dem sehr viele und sehr vieles mitgewirkt haben — nicht nur die Techniker und die Bürokratien, sondern auch die Dichter und Künstler, die in einer sonderbaren Art von zeitgeistiger Verwirrung zugunsten angeblicher oder wirklicher — das ist nicht immer zu entscheiden — gesellschaftlicher Erfordernisse nahe daran waren, die eigene Abschaffung zu verlangen oder auch wahlweise die Abschaffung ihres Publikums. Da wimmelte es von Operndirigenten, die die Opernhäuser in die Luft sprengen wollten, von Erzählern, die die Abschaffung des Erzählens gefordert haben, und von Malern, die dasselbe für die Malerei verlangten.

Ich kann mir in diesem Zusammenhang nicht die

Bemerkung versagen, daß die Installierung und die fortschreitende Kompetenzerweiterung von Kulturämtern in ziemlich genauem Verhältnis zu eben jener Verhäßlichung der Umwelt und zu jenem Kulturverlust stehen.

Solange Leute wie Otto Wagner oder, von mir aus: Hugo Breitner das öffentliche Baugeschehen bestimmten, solange auch ein Stadtgartenamt wußte, wie eine ordentliche Parkbank auszusehen hat, solange kam man mit Kultusabteilungen aus und es bedurfte keiner Kulturämter, die ja zudem leider auch heute noch keineswegs die Kompetenz haben, etwa dem Wohnbaustadtrat oder dem Planungsstadtrat wenigstens die Grundbegriffe urbaner Ästhetik zu vermitteln. (. . .)

Die Stile der Kunst wie auch ihre Apperzeption — oder sagen wir es mit einem auch schon nicht mehr ganz modernen Wort: ihr Stellenwert in der Gesellschaft —, verändern sich gründlich. Nach fast 70 oder 80 Jahren des Experimentalismus, der Sichselbstinfragestellung, nach so vielen Versuchen — ehrenwerten, aber nur selten fruchtbaren Versuchen, das muß man im nachhinein schon feststellen —, Kunst und Kultur als Vehikel für politische, ideologische, weltanschauliche Inhalte zu gebrauchen — kurioserweise meist mit extrem individualistischen Steuerleuten an den jeweiligen Steuern —, nach dieser Zeit also, in der sich die Kunst schließlich am liebsten selbst abgeschafft hätte, nach einer langen Periode der Extension tritt plötzlich bei den Künstlern das Bedürfnis nach dem Gegenteil ein, nämlich nach einer Kunst, die zunächst einmal nichts anderes ist, als sie selbst. Daß wir in eine Stilphase des Postmodernismus eintreten, daß sich die lange Phase der Avantgarden, der Experimente, des absoluten Vorrangs des jeweils Neuen oder Aktuellen auch in der Kunst einem Ende nähert, pfeifen schon die Spatzen aus den kritischen Kulturfeuilletons. Wir stehen vor einem Stilwandel, der die Maler wieder zur Staffelei führt, der die Erzähler zum Erzählen und die Architekten zum Suchen nach einer menschlicheren Architektur veranlaßt. Das Publikum, bei dem dieses Bedürfnis nie ganz verschwunden gewesen ist, meldet ähnliche Forderungen sehr vehement an. Wenn Museen plötzlich steigende Besucherzahlen haben, wenn gewisse Veranstaltungen und Ereignisse, die nichts anderes bieten als eben Kunst-Schönes, Kunst an sich, plötzlich einen ganz unerwarteten Zuspruch finden, wenn Lyriklesungen in überfüllten Sälen stattfinden, wenn Altstadterhaltung und Denkmalschutz so ungeheure öffentliche Anteilnahme erwecken wie nie zuvor, so ist dafür gewiß nicht Stadtrat Zilk — oder ich oder sonst wer — die Ursache, sondern ein seit langem aufgestautes Bedürfnis nach ästhetisch Vorbildhaftem einerseits und ein immer stärker werdender Wunsch nach Enthäßlichung der Umwelt andererseits.

Dieser Prozeß ist in Gang gekommen, und wahrscheinlich ist es kein Zufall, daß er in eben jenen Jahren virulent wird, in denen sich Wirtschaftswachstum und materieller Zuwachs verlangsamen und die Angst umgeht, daß es bei dieser Verlangsamung nicht bleiben wird. Da gibt es Zusammenhänge, freilich zu kompliziert, als daß sie in einer Gemeinderatsrede Platz hätten. Dieser Prozeß ändert die Akzente jeglicher Kulturpolitik und

Kulturarbeit, er wird auch ihren Stil und ihre Prioritäten ändern. Nicht von heute auf morgen, nicht von einem Jahr zum anderen, das ist schon klar, aber auf längere Sicht hinaus.

Ich bin Zyniker genug, um begriffen zu haben, daß die Veranstaltung von Circenses für Politik eine mehr oder weniger lebensnotwendige und das Schwenken der Subventionsgießkanne bis zu einem gewissen Grad eine unvermeidliche und unschädliche Aufgabe ist, solange genug Geld im Steuersäckel und genug Wasser in der Gießkanne ist. Wenn es aber nicht mehr da sein sollte? Was wird dann unter den Vorzeichen, die ich vorhin geschildert habe, geschehen? Dann wird man mit den vorhandenen Pfunden wuchern müssen, dann wird man die Gießkannen nur mehr auf jene Beete verschwenden dürfen, auf denen dauernde Ergebnisse und nicht nur schnelle Scheinblüten zu erwarten sind. Dann wird man auch die Circenses besser so veranstalten, daß sie mehr hergeben als nur die Freude des Augenblicks, die zu Ende ist, wenn der Vorhang fällt. (. . .)

Ich bin sicherlich der letzte, der gegen die Subvention von Kultur ist. Aber ich glaube doch, daß wir uns langsam darüber klar werden müssen, daß eine Subventionskultur auch nicht das letzte Ziel aller Anstrengungen sein kann. Doch genau da gibt es unter den Kulturschaffenden und unter dem Schwarm, der sie im Hintergrund begleitet, einen Erwartungshorizont, der schon ins Märchenhafte geht. Sie wissen ja selbst, welch abenteuerliche Vorstellungen es da gibt. Manchmal hat man wirklich das Gefühl, daß sehr vielen Kultur- und Kunstschaffenden noch vor der Kunstidee die Frage kommt: Wie werde ich sie finanzieren? Sie wissen, daß es da und dort richtige Subventionskünstler gibt, deren Kunst sich hauptsächlich darauf richtet, Subventionen zu kriegen.

Also wiederhole ich, was ich vorhin sagte: Wir werden mit dem Pfund vorsichtig, vorsichtiger als bisher, wuchern müssen, weniger bedacht darauf, Kunst zu veranstalten und selbst zu machen, als Kunst außerhalb des Ressorts, und nach einer Weile hoffentlich unabhängig davon, entstehen zu lassen und zu pflegen. Das wäre dann echte Urbankultur und nicht eine Veranstaltung, die doch immer nur Ersatz bleiben kann.

Ich meine, daß sich aus einer solchen Forderung, über die wir uns hoffentlich einigen können, Kriterien ableiten lassen, die wir bei unserer zukünftigen Arbeit in den diversen Gremien jeweils genauer definieren und dann auch anwenden sollten. Ich nenne als Beispiel dafür den Begriff der Sparsamkeit, der ja auch ein Kulturbegriff ist, und den der amtlichen Redlichkeit, die nicht Versprechungen macht, die dann nicht oder nur schwer zu erfüllen sind. Ich nenne den Begriff der Bedachtnahme darauf, daß nicht so sehr das vordringlich Laute, sondern das meistens stille Wichtige gefördert werden muß, nicht Eisblöcke, die schnell schmelzen, sondern das, was nicht nur gepflanzt wird, sondern auch wächst und bleibt. (. . .)

Schließlich noch eins: Es muß in irgendeiner Weise dafür gesorgt werden — das richtet sich jetzt wirklich an das ganze Plenum —, sei es durch Geschäftsordnungsänderungen oder indem der Kulturstadtrat sich in seiner Fraktion besser durchsetzt, daß den anderen Ressorts wenigstens gewisse

Minimalleistungen an Geschmack und Kultur abverlangt werden. Festwochen und Picasso-Ausstellungen und Literaturpreise sind zweifellos etwas Schönes, keine Stelzenautobahnen, keine Betonsilos, keine Verbetonierungen im Grüngürtel, und eine andere Stephansplatzgestaltung wären noch schöner!

Lebensfremde Rituale im Angesicht der Apokalypse

(7. 12. 1982)

Herr Vorsitzender, Meine Damen und Herren!

Ich gestehe Ihnen völlig offen, daß die Frage, ob man als Mandatar und politischer Publizist böse Ahnungen und schwere Besorgnis äußern darf oder ob man besser daran tut, nicht weiter drauf herumzureiten, daß diese Frage mich sehr beschäftigt. Sie scheint mir nicht nur eine Frage der politischen Glaubwürdigkeit, sondern auch eine der persönlichen Moral zu sein; ob's auch eine der politischen Raison ist, laß ich dahingestellt. Mir persönlich ist im Zweifelsfall die Glaubwürdigkeit wichtiger als eine Raison, die sowieso keine Antworten auf die Realität gibt, ja solche Antworten eher verzögert, wenn nicht gar verhindert.

Ich gehe noch einen Schritt weiter und gebe zu, daß mein an sich fundamentaler Optimismus mit zeitweisen Phasen der Niedergeschlagenheit abwechselt angesichts so mancher Entwicklungen, vor allem aber angesichts der Dummheit, die sich nichts als plattes und borniertes Ableugnen der Probleme einfallen läßt.

Ich möchte Sie bitten, sich mit mir auf einem anderen Weg der Problematik unserer Zeit zu nähern, um ein Bild von ihr zu gewinnen — vielleicht, daß wir solcherart wenigstens für eine halbe Stunde aus diesen unfruchtbaren und nachgerade schon rituellen Polemisierereien herauskommen. Man kann sich nämlich ein solches Bild auch mit dem Instrumentarium der Kulturgeschichte verschaffen.

Mit den Augen des Kunst- und Kulturhistorikers gesehen, leben wir zweifellos in einer manieristischen, ja sogar spätmanieristischen Phase. Der Manierismus — Literaturhinweise zu gefälligen Selbststudien stelle ich gerne zur Verfügung — der Manierismus ist, ich muß mich hier natürlich auf ein paar schnelle Schlagworte beschränken, dadurch gekennzeichnet, daß er sehr viele Stilarten, nicht aber einen einzigen, das Bild der Zeit prägenden Allgemein-Stil hervorbringt und eine starke Lust und Neigung empfindet, diese Stilarten auf die Spitze zu treiben, miteinander in Konflikt zu bringen, Gegensätze zu bilden und aufeinander treffen zu lassen. Der Manierismus liebt einerseits das Esoterische, das Verfeinerte, das Hochintellektuelle, das Sektiererische, das exklusive Spezialistentum, das hochmütig alle nicht darin Eingeweihte für Trottel und Minderwertige hält; das erklärt — zum Beispiel — warum so viele Menschen zu so vielen Richtungen moderner Kunst so schwer Zugang finden. Andererseits zeigt der Manierismus, der ja überhaupt zum Extremen neigt, eine starke Inklination zum Gegenteil: das Brutale, das Gemeine, selbst das Schmutzige und das Böse werden gelegentlich als starker Reiz empfunden. (. . .)

Nun lehrt die Kunstgeschichte mit hinreichender Deutlichkeit, daß solche Perioden des Manierismus ausgesprochene Endzeit- oder auch, wenn Sie's positiver haben wollen, Übergangsphasen sind, und zwar besonders schwierige und besonders gefährdete, in denen grundsätzliche, tiefgreifende Veränderungen vor sich gehen; Krisenzeiten mit einem Wort, in denen sich irgendetwas Neues durchsetzt. Das ist, sub specie aeternitatis, unvermeidbar und natürlich; ohne Krisen gäb's keine Veränderung, keine Entwicklung, auch keine freie Entscheidung, welche Wege nun einzuschlagen wären. Der Manierismus aber ist ein Stil-Syndrom der Krise.

Daß wir auch jetzt in oder vor einer Krise stehen, darüber gibt's ja wohl wenig Zweifel. Wundern muß man sich eigentlich nur, daß diese Krise so ausschließlich und einseitig allein von der ökonomischen Seite her gesehen wird, wiewohl doch völlig einsichtig ist, daß das nur ein — natürlich lebenswichtiger — Aspekt eines sehr viel größeren Krisenpakets gewissermaßen ist. Es gibt, ganz ohne Zweifel, so etwas wie eine Sinn-Krise — ein großer Teil der Menschheit ist von der Frage beherrscht, wohin denn dies alles führen soll.

Es gibt ja heutzutage kaum eine Institution, die nicht bezweifelt wird, die nicht an sich selbst zweifelt, die nicht in ihrer jahrhunderte- oder sogar jahrtausendealten Selbstverständlichkeit erschüttert ist. Überall sind Veränderungen im Gange, enorme und erschütternde Veränderungen, von denen wir alle nicht wissen, wo sie enden und was sie bringen werden.

So glaube ich, und spreche das offen aus, auch wenn das in meiner Fraktion nicht überall gern gehört werden mag, daß die Vorstellung, daß sich eine politische Partei als monolithischer Block präsentieren und dabei glaubwürdig bleiben kann, eine bloße Fiktion ist. Der Herr Edlinger glaubt offenbar argumentative Dolche zu schleifen, wenn er, siehe Kraftwerk Dürnrohr, auf gegensätzliche Meinungen zwischen der Wiener und der niederösterreichischen ÖVP hinweist — na, Himmelundherrgott, warum soll's da keine Unterschiede geben? Gibt's denn zwischen Kreisky und Androsch, zwischen Dallinger und Sekanina, zwischen Hindels und Leser, zwischen Cap und Kery keine unterschiedlichen Auffassungen? Sind das nicht auch Krisen-Symptome, die ganz sicher nicht mit Kusch-Befehlen und Maulkorberlässen aus der Welt zu schaffen sind? Natürlich sind sie's, und es wäre viel gescheiter, und vor allem viel glaubwürdiger, das alles als unvermeidliche, ja notwendige, sogar als dialektische Prozesse anzusehen, statt dauernd auf der untersten Ebene der Argumentation den Denunzianten zu spielen, der diese natürlichen Widersprüche in den eigenen Reihen verschmiert und g'sundbetet, bei den politischen Gegnern aber gleich zum Unglaubwürdigkeitsbeweis mißbraucht? Ist Ihnen denn nicht klar, daß Sie mit dieser hausg'selchten Primitivpolitik nicht nur den Gegner, sondern auch sich selbst und die eigene Partei vor den Augen der Öffentlichkeit diskriminieren?

Und damit komme ich zur nächsten Krise, nämlich zu der ökologischen, dargestellt an einigen Besonderheiten der Dürnrohr-Debatte. Wie Sie wissen, hat der Wiener Bürgermeister den ursprünglichen Einspruch der Stadt Wien gegen die dortigen Planungen zurückgezogen — im Einvernehmen mit der Verbundgesellschaft und dem niederösterreichischen Landeshauptmann —, was Sie, notabene, überhaupt nicht zu wundern scheint. Dagegen hat meine Fraktion protestiert, worauf der Herr Bürgermeister bei Ihrer letzten Wiener Konferenz wieder einmal die Eiszeit ausge-

rufen hat, schon die dritte oder fünfte, die ich in den paar Jahren erlebt habe, während derer ich die Ehre, wenn auch nicht immer das Vergnügen genieße, in diesem Gremium zu sitzen, weshalb sie mich denn auch in stilgerechter Weise schon kalt läßt. Interessant aber fand ich die Begründung dafür, nämlich daß — ich zitiere aus dem Gedächtnis die AZ — die VP sich geweigert habe, die diesbezügliche Verantwortung zu teilen oder zu übernehmen. Dazu ist anzumerken, daß er meines Wissens die VP gar nicht erst aufgefordert hat, Verantwortung für seinen einsamen Entschluß mitzuübernehmen — im Stadtsenat war davon vorher nicht die Rede, und im Gemeinderat erst nachher. Das sind halt so spätmanieristische Phänomene, verstehe sie, wer will.

Ich sitze mit dem Minister Steyrer in einer Club-2-Diskussion und höre ihn das Wort „Umweltkatastrophe" sagen — ausdrücklich, und auf meine Nachfrage hin es wiederholend. Ich treffe den einen oder anderen von Ihnen und stelle nach ein paar Dialogsätzen fest, daß er mit mir einer Meinung ist: nämlich, daß es eine Umweltkrise gibt, die sich ins Katastrophenähnliche ausgewachsen hat. Es sind Leute aus den Ihnen unterstehenden Ressorts, die darauf hinweisen, daß nicht nur 30.000 Alleebäume in Wien gestorben sind, sondern auch die anderen, selbst die neugepflanzten Bäume, praktisch keine Lebenschance haben in der Stadt. Wir alle wissen, daß ein Teil des österreichischen Waldes schon kaputt und ein Großteil schwer gefährdet ist, wir wissen auch, daß sich die Situation weiterhin verschlechtern wird, auch wenn Dürnrohr tatsächlich zu 80 Prozent filtert, auch wenn heuer weniger Salz gestreut wird —

— aber was machen wir? Wir führen hier ein Ritual auf und vor, das sich nicht auf die Wirklichkeit bezieht — und die ist in puncto Umweltzerstörung wahrhaftig apokalyptisch.

Hier stehen — und ich wiederhole: ich nenne die ökologische Katastrophe pars pro toto, denn ich meine die *ganze* Krise — Probleme und Fragen zur Diskussion, angesichts derer die tagespolitische Raison bedeutungslos ist. Denn hier geht's doch um Grundlegendes, ums Leben selber. Was soll denn da das Verschweigen, das Hinwegreden, Zitate, die aus dem Zusammenhang gerissen wurden oder aus Zeiten stammen, die ein völlig anderes Problembewußtsein oder auch gar keines gehabt haben? Was soll diese öde Minidemagogiererei, diese fade Fiktion, als wäre die Welt, auch die der Parteien, noch in Ordnung?

Ich mache den Versuch, aus der Routine und dem Ritual auszubrechen. Ich versuche, ein Stück Wirklichkeit in die merkwürdige Glashausatmosphäre dieses Saals hereinzuholen, und Ihnen zu zeigen, daß die Welt da draußen sich fürchtet. Mag sein, daß diese Furcht irrational ist, chiliastisch oder gar eschatologisch — *da* ist sie, nicht zu übersehen, nicht wegzuleugnen, selbst von Meinungsforschern nachweisbar. Und das ist meine Frage: Glauben Sie, daß vor diesem Hintergrund Reden wie die vorhin gehörten noch irgendeinen Sinn besitzen?

Aktive Stadtaußenpolitik oder Wien und das größere Österreich

(5. 12. 1983)

Herr Bürgermeister! Meine Damen und Herren!

Mein Vater ist in Galizien geboren worden, in einem Landstrich, der seit hundert Jahren russisch ist. Er war ein Nachkomme von Schwaben, die dorthin unter Joseph II. verpflanzt wurden — in den Wilden Osten des damaligen Kaiserreiches.

Meine Mutter stammt aus dem Egerland; sie ist eine Urururenkelin von Franken, die vor über 600 Jahren vom heiligen Böhmenkönig Wenzel dort angesiedelt wurden.

Ich selbst bin in Wien geboren, aber ich habe meine Kindheit und viele Monate meiner Jugend in diesen heute so weit entfernten, so traurig vergessenen Provinzen zugebracht. Meine Mutter sagt mir, daß ich mich als Kind leichthin nicht nur auf deutsch, sondern auch auf ukrainisch, polnisch und sogar jiddisch mit den anderen Kindern jenes galizischen Mikrokosmos verständigen konnte, in dem sich das damalige größere Österreich wie in einem Kaleidoskop spiegelte. Davon ist mir freilich nichts geblieben, aber die Sprache meiner Mutter kenne ich noch. Eines Tages werde ich vielleicht der letzte Mensch hierzulande sein, der noch Egerländisch sprechen kann, einen verlorenen, vergessenen Dialekt, eine ausgestorbene Sprache.

Beide Kulturen, die schwäbisch-galizische und die da oben im Böhmerwald, gibt es nur mehr in der Erinnerung.

Worauf will ich mit dieser biographischen Notiz hinweisen?

Darauf, daß meine Herkunft, die Herkunft eines geborenen, gelernten Wieners in einem größeren Österreich liegt als es das heutige ist, in einem weiteren historischen und geographischen Raum, den wir mehr oder weniger vergessen haben. Darin bin ich, natürlich, nicht einzig; darin bin ich typisch — ein typischer Wiener; fast jeder von Ihnen wird ähnliches von seiner Herkunft sagen können.

Wir haben uns viele Jahre lang um diese Vergangenheit wenig gekümmert. Wir haben vieles vergessen, manches verdrängt. Österreich und Wien haben genug damit zu tun gehabt, mit sich selbst identisch zu werden: Österreich damit, aus einem Staat, den einmal keiner wollte, einen zu machen, den jetzt wohl jeder gern hat; und Wien damit, aus einer mehr oder weniger funktionslos gewordenen Kaiserresidenzstadt sich in eine wirkliche Bundeshauptstadt zu verwandeln und gleichzeitig das berüchtigte Wasserkopf-Trauma zu überwinden. Wenn Wien in diesem notwendigen und unvermeidlichen Prozeß nicht genug überschüssige Kraft oder Lust zeigte, sich auch noch um Prag und Budapest, Warschau, Bozen und Agram zu sorgen, so mag das bedauerlich sein, bleibt im Rückblick aber wahrscheinlich begreiflich.

Nun aber, da dieser Selbstfindungsprozeß ja wohl abgeschlossen ist und selbst ein sozialistischer Bundeskanzler einem „vernünftigen Patriotismus“ das Wort redet — und was wäre ein vernünftiger Patriotismus, wenn nicht ein gemäßigtes Selbstbewußtsein, ein Einverständnis mit der eigenen Eigenheit? — nun, da überall in der Welt die

Menschen, einschließlich der amerikanischen Neger, auf der Suche nach ihrem eigenen Glück sind, dürfen wir's wohl auch.

Dürfen? Ich denke: wir sollten es. Oder müßten es. Ich denke: nachdem wir uns doch ziemlich intensiv um Leute wie Gaddafi und Arafat gekümmert haben, könnten wir uns ja vielleicht auch um die bemühen, die unseren Herzen und Genen etwas näher stehen.

Ich weiß, daß vermöge vieler Umstände auch heute noch viele Österreicher ein gebrochenes Verhältnis zur Vergangenheit haben — darin sind wir halt anders als etwa die Franzosen, die jederzeit bereit sind, ihre eigene Geschichte als ganze zu akzeptieren. Dort findet es ein sozialistischer Ministerpräsident als selbstverständlich, vom Augenblick seines Amtsantritts an seine Füße nicht mehr wie ein Normalmensch zum Gehen zu gebrauchen; er beginnt alsbald zu schreiten, wie das Hofzeremoniell der Ludwige es vorgeschrieben hat. Und dort findet es umgekehrt ein gaullistischer Bürgermeister gar nicht absurd, am 14. Juli, dem Tag des Sturms auf die Bastille, ein Freudentänzchen auf der Straße zu absolvieren. Von einer solchen Haltung, einer solchen Einstellung unserer eigenen Geschichte gegenüber, sind wir noch weit entfernt, und auch ich hab da, als Abkomme einer vielfach verfolgten und vertriebenen Minderheit, bisweilen meine Schwierigkeiten.

Und doch spüren und wissen wir alle, daß es über oder hinter unserer kleinen Republik immer noch so etwas wie ein größeres Österreich gibt — nicht auf der Landkarte freilich, das ist dahin und vorbei, wohl aber im geistigen und kulturellen

Raum. Und wüßten wir's nicht, so brächten die anderen es uns in Erinnerung, jene ehemals Verwandten und Verschwägerten, unsere Vettern und Cousinen gewissermaßen.

Es ist noch nicht lange her, da war ich in Jajce, der alten bosnischen Hauptstadt, in der Tito sein Partisanen-Hauptquartier gehabt hat. Dort bot sich ein jüngerer Mann als Führer an — als freiwilliger, unbezahlter Führer —, und ich werd's nie vergessen, wie er mit einer großen Gebärde auf die Gegend zeigte und sagte: „Das Schpittal. Die Eisenbahn. Die Schule. Die Fabrik. Die Schtraße: haben alles die Österreicher gemacht. Seither ist nix. Das einzige Mal, daß Ordnung war hier, war bei Österreich."

Genau diesen Satz habe ich auch in Krakau gehört, und dort waren es Studenten, die ihn formuliert haben. Und denselben Satz hören sie ebenso in Friaul; dort finden Sie, ohne lange suchen zu müssen, „Viva Austria!"-Slogans auf die Mauern gesprayt, dort und in Triest finden Sie eine Literatur, und zwar eine sehr beachtliche, die die Gegenwart an der österreichisch-ungarischen Vergangenheit mißt — sehr zu ungunsten der Gegenwart notabene. Und es gibt dort Bürgermeister großer Städte, die offen erklären: Io sono austriaco. Sogar eine politische Partei von Gewicht, die „Civiltá mitteleuropeana", ist dort tätig, und ich, der ich alles andere als ein Habsburgsympathisant bin, ich gestehe, daß der Anblick einer Horde von jungen Friaulanern, die auf ihrem T-Shirt den Franz Joseph oder den alten Doppeladler herumtragen, mich keineswegs nur nostalgisch-komisch berührt hat.

Ich bin auf diesem Gebiet nicht so spezialisiert wie der Ernst Trost oder der Andics, aber ich könnte viele solcher Begegnungen erzählen. Ich zitiere den Erhard Busek, der vor ein paar Monaten in Przemysl war, in der Gegend meiner Großväter also, und dort in den Kasematten der alten k. u. k.-Festung nicht nur eine Champignonzucht gefunden hat — die Schwammerln werden übrigens auf den Inzersdorfer Gemüsemarkt exportiert —, sondern in Przemysl auch die Existenz einer österreichisch-polnischen Gesellschaft festgestellt hat, die bei uns sicherlich noch nicht zur Kenntnis genommen wird. Sie alle wissen, worauf in den Gebieten hinter den diversen eisernen Vorhängen die Fernsehantennen gerichtet sind, auf Wien nämlich. Oder ich erinnere mich daran, daß ich sogar in Freiburg im Breisgau, das schon lange nicht mehr vorderösterreichisch ist, ganz unerwartetes Interesse am Österreichischen gefunden habe, und daß ich in Budapest . . . Nun, ich höre mit dem Anekdotenerzählen schon auf, auch weil ich mir sicher bin, daß Sie alle auf Ihren Auslands- und Urlaubsaufenthalten ähnliche Dinge erlebt haben.

Diese Impressionen sind aber nur Symptome für einen breiteren und tieferen Meinungsbildungsprozeß, der längst schon dazu geführt hat, daß sich in jenen Ländern auch die intellektuellen Schichten, die Universitätsinstitute, die Historiker und die Schriftsteller mit Österreich und der gemeinsamen Geschichte so intensiv beschäftigen, daß im Vergleich dazu unser Interesse an der Geschichte und Gegenwart des größeren Österreich geradezu beschämend ist. Unsere Außenpolitik, soweit es eine solche gegeben hat, hat sich mit diesem doch in jeder Weise so naheliegenden Phänomen so wenig beschäftigt, daß es fast eine kleine Sensation war, daß der neue Bundeskanzler Sinowatz — auch dieser Name stammt aus einem größeren Österreich — seinen ersten Staatsbesuch in Ungarn abstattete, was wir richtig finden. Meine eigene Kritik an diesen Versäumnissen einschränkend, sage ich, daß eine solche offizielle staatliche Außenpolitik auf alle Fälle ihre Grenzen fände — da sind halt die Herrschaftsstrukturen, die bekannten ideologischen Zwänge, da gibt's große Tabu-Zonen. Jedenfalls ist es eine traurige Tatsache, daß es eines polnischen Papstes auf dem Heldenplatz bedurfte, um uns auf die immer noch vorhandenen, immer noch lebendigen Verwandtschaften zu unseren Nachbarn hinzuweisen, und auch darauf, daß die Menschen jenseits unserer Grenzen irgendwas von uns erwarten — Teilnahme, Hilfe, Aufmerksamkeit.

Nun, ich rede jetzt schon eine ganze Weile von Österreich, meine aber damit natürlich vor allem Wien; nicht anders wie die Bosnier, Polen, Ungarn und Triestiner, von denen ich erzählt habe, zwar Österreich sagen, aber Wien meinen. Nach Österreich zu fahren, heißt in Budapest, heißt auf dem ganzen Balkan bis hinunter nach Athen, nichts anderes als nach Wien zu fahren. Und österreichisches Theater, Geistesleben und Musik bedeuten dort die Wiener Oper, die Wiener Universität und Johann Strauß.

Unter den gegenwärtigen Umständen ist Wien halt nun einmal die östlichste Stadt des Westens — in mancher Beziehung aber auch die westlichste eines Ostens, zu dem wir dank einer langen

Geschichte Verbindungen besonderer Art haben.

Im Sinne eines vernünftigen österreichischen Patriotismus, im Hinblick auf die vielen Möglichkeiten, die sich hier im geistigen und kulturellen Bereich ergeben, im Hinblick auch auf die Verpflichtungen, die Wien im Dienste eines friedlichen Mitteleuropas wahrnehmen sollte, und schließlich zum neuen Ruhme unserer alten Stadt legen wir ein erstes Konzept mit Vorschlägen für eine „Aktive Stadtaußenpolitik" vor.

Wien ist, dank seiner Geschichte, seiner Lage und schließlich infolge seines nicht immer klar artikulierten, aber historisch gewachsenen Selbstverständnisses eine Stadt besonderer Art: ihre Ausstrahlung, ihr Ruf und ihre Interessen reichen weit über ihre geographischen Grenzen hinaus. Wien ist die Metropole des zentraleuropäischen Raums, oder könnte es zumindest sein.

Daraus ergibt sich die Frage, was Wien tun könnte oder sollte, um diese Position zu festigen und zu erweitern, um die zwar vielfach verschütteten, aber doch immer noch vorhandenen geistigen Verwandtschaften und kulturellen Beziehungen zu den engeren wie auch den weiter entfernten ehemaligen Nachbarn zu beleben und zu vertiefen, und die starren politischen Grenzen durch kulturelle Austausch-Maßnahmen zu überwinden.

Wir meinen, daß eine solche „Stadtaußenpolitik", würde sie zur alltäglichen und lebendigen Wirklichkeit, dem Eigenwertgefühl — eben dem „Selbstverständnis" — unserer Stadt hervorragende Dienste leisten und ihrer Besonderheit neue Grundlagen geben könnte.

Aus diesen Überlegungen schlagen wir vor:

1. Politische Maßnahmen

a) Ermutigung (allenfalls auch durch gezielte Subventionierung) aller wissenschaftlichen, kulturellen, kirchlichen und politischen Institutionen, um geistige und kulturelle Kapazitäten der Nachbarländer nach Wien zu bringen — zu Vorträgen, Studienaufenthalten, Orientierungsfahrten und, auch das, zu informellen Kontakten und Gesprächen; auf diese informelle Verständigung ist — angesichts bekannter Schwierigkeiten — sogar besonderer Wert zu legen. In dieser Hinsicht sollte vielfach die Stadt Wien als Einladende selbst in Erscheinung treten.
b) Umgekehrt sollte die Gemeinde Wien keine Gelegenheit versäumen, Reisen ihrer Repräsentanten — und zwar in Begleitung von Wissenschaftlern, Künstlern, Wirtschaftsvertretern usw. — in Städte der Nachbarländer zu unternehmen.

2. Wissenschafts- und kulturpolitische Maßnahmen

a) Die Gemeinde sollte sich um die Mitwirkung an wissenschaftlichen und kulturpolitischen Außenkontakten der Wiener Hochschulen intensiv und planmäßig bemühen; so sollten Forschungsstipendien für graduierte Wissenschaftler samt mehrmonatigen Studienaufenthalten in Wien, Stipendienplätze für Studierende (vor allem aus den östlichen, südöstlichen und nördlichen Nachbarländern) geschaffen werden.
Ferner wären Seminargruppen ausländischer Universitäten zu Wien-Aufenthalten und Kontakten

mit korrespondierenden Wiener Instituten einzuladen.
Äußerst wichtig wäre es, in einem „Gästehaus der Stadt Wien" — etwas, worüber selbst deutsche Mittelstädte schon verfügen — entsprechende Aufenthaltsmöglichkeiten für Gastprofessoren, Dozenten und Forschungsstipendienten zu schaffen.
b) Wünschenswert wäre eine Verstärkung und Koordination der Großstadt-Forschungs-Institute der in Frage kommenden Großstädte; dies sollte zu einer multinationalen und interdisziplinären Zusammenarbeit in den Fachbereichen Geschichte, Kunstgeschichte, Architektur, Soziologie, Demographie usw. führen.
c) Ebenso wünschenswert und vermutlich sehr ergebnisreich wäre die Förderung multidisziplinärer Forschungsvorhaben der Donaustaaten-Universitäten zum Thema „Donau". Hier kämen vor allem die Fachdisziplinen Hydrologie, Ökologie, Verkehr usw. in Frage.
d) Weiters müßten die „Europagespräche" und ähnliche Institutionen Aufgaben in diesem Zusammenhang verstärkt wahrnehmen.
e) Und schließlich sollte interessanten Künstlern aus jenen Gebieten jede Erleichterung zuteil werden, um in Wien auftreten, ausstellen und sich „dem Westen" vorstellen zu können.

3. Organisatorische Maßnahmen

a) Zwischen Bund und Gemeinde Wien wäre eine zur Durchführung der angedeuteten Aufgaben geeignete Koordinationsstelle zu schaffen.

b) Wien muß darauf drängen, bei der Erstellung der Programme der Auslands-Kulturinstitute angemessene Berücksichtigung der zitierten Interessen zu finden.
c) Es muß seitens der Stadt darauf hingewirkt werden, daß der ORF (Studio Wien) die genannten Aktivitäten sozusagen „über die Grenzen" bringt.
d) Es ist — analog dem Herder-Preis — ein „Wiener Preis" für Arbeiten zu stiften, die jenseits der Grenzen über eben diese hinweg den Zielen der Verständigung zwischen alten und neuen Nachbarn dienlich sind.

Wir haben dieses Konzept dem amtsführenden Stadtrat Mrkwicka — auch ein Name aus dem größeren Österreich — übergeben, und ich verrate kein Geheimnis, wenn ich hinzufüge, daß auch der Herr Bürgermeister nach informellen Gesprächen etwas mehr als nur höfliches Interesse dafür bekundet hat.

Es wäre schön und sicherlich gut für unsere Stadt, könnten wir hier zu einer über die Parteigrenzen hinausreichenden, grundsätzlichen Übereinstimmung gelangen.

Große Reparatur oder Die Vision von der sich verjüngenden Stadt

(30. 3. 1984)

Herr Bürgermeister! Meine Damen und Herren des Gemeinderates!

Als ich — das ist jetzt schon etliche Jahre her — meine erste Gemeinderatsrede vorzubereiten hatte, wandte ich mich an einen der großen alten Erfahrenen unserer Fraktion und fragte ihn, wie man sich da zu verhalten habe. Daraufhin hat er mir gesagt: „Red', was du willst, red', was du glaubst, aber ich bitt' dich: fang nicht zu philosophieren an."

Das war ein Satz, der natürlich etwas Richtiges trifft: Man soll hier über Sachen und über Sachliches sprechen. Aber wenn wichtige Dinge zur Entscheidung anstehen, muß es doch erlaubt sein, auch ein bißchen nach den Hintergründen und größeren Zusammenhängen zu fragen.

In diesem Sinne bitte ich Sie, mir die Gunst zu erweisen, zuzuhören, wenn ich ein paar Minuten philosophiere. Ich leite daraus aber ein paar durchaus handfeste Implikationen ab.

Kultur ist — und hier ist ja nicht nur von sozialen, nicht nur von ökonomischen, nicht nur von planerischen Entscheidungen die Rede, sondern hier geht es ja um eine ganz große Kulturentscheidung für die Stadt, die wir alle lieben —, Kultur ist zerstörbar, aber nicht ohne weiteres machbar. Kultur kann zerstört werden durch alle bösen Eigenschaften, die ein Mensch oder eine Gemeinschaft der Menschen besitzt, durch Neid, durch Unverständnis, durch Bosheit, durch Gier, durch den Spaß an der Niedertracht, vor allem aber durch das schrecklichste aller Laster, durch Dummheit und Intoleranz, die auch nur eine Form von Dummheit ist.

Aber Kultur und das Schöne, sie können nicht eigentlich gemacht werden, das heißt, sie können nicht nach Plan und nicht nach Absicht produziert werden. Sie können auch nicht reguliert oder in eine bestimmte Richtung gelenkt werden. Alle Versuche, die diesbezüglich je unternommen worden sind, von den Nazis, von den Kommunisten, von ideologischen Wirrköpfen aller Art, alle diese Versuche haben zu nichts als zu unfreiwilliger Komik geführt.

Kultur ist nicht machbar, und ihr Verlauf ist nicht bestimmbar. Dieser Satz gilt selbst für jene, die sie im eigentlichen Sinn des Wortes machen, nämlich für die Künstler. Auch wenn sie bisweilen meinen, gegen die Gesetzlichkeiten der Geschichtsabläufe revoltieren zu können, wenn sie meinen, etwas absolut Neues setzen zu können — die Zeit, dieser unerbittliche Richter, kümmert sich darum wenig, sondern akzeptiert sie entweder als Teil ihrer selbst, nämlich als Zeitkultur, oder aber legt sie ab in der Fundstelle für alte Hüte.

Es wäre theoretisch denkbar, wenn auch nicht wahrscheinlich, daß mir an dieser Stelle einer Ihrer Ideologen den Vorwurf machte, ich vertrete hier eine sehr fatalistische Geschichtsauffassung. Dieser Vorwurf hätte einiges für sich, und da er auch politisch wäre, möchte ich auf ihn eingehen.

In der Tat steckt in der Behauptung, Kultur — und das, worüber wir heute sprechen, nämlich die

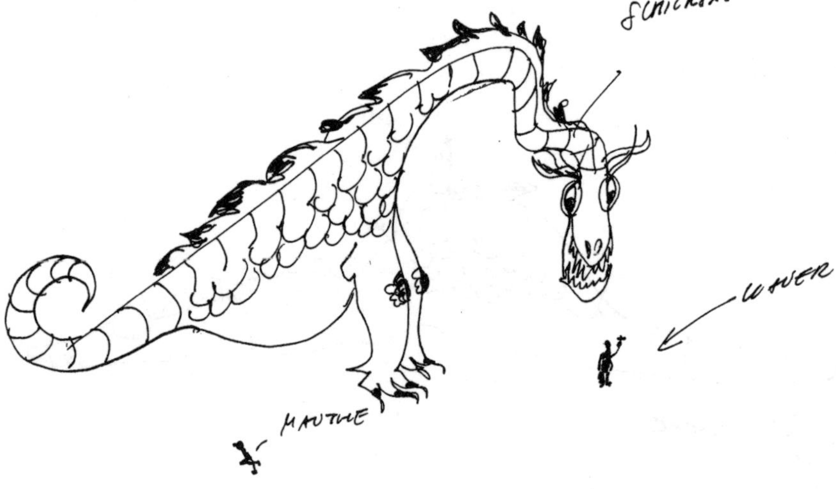
SCHICKSAL
WAUER
MAUTHE

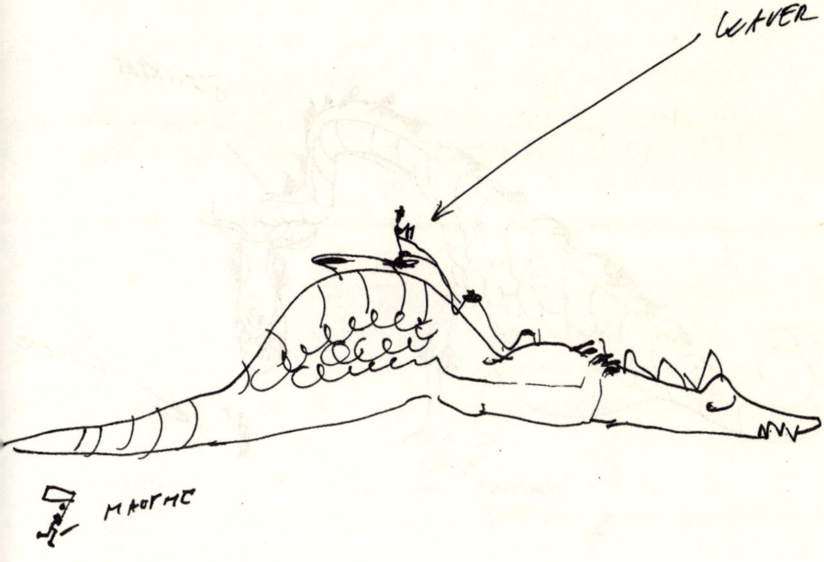
WAVER

Stadterneuerung, ist eine Frage der Kultur — sei nicht machbar, sondern geschehe eben, eine gehörige Portion Fatalismus.

Aber das heißt nicht, daß es unmöglich wäre, sie, die Kultur, und mit ihr das Schöne herbeizuwünschen, durch die Kraft unseres Wunsches herbeizuholen und sie nach Belieben, nein, nach Bedarf zu vermehren. Das zu tun steht uns frei. Das Schöne und die Kultur sind nach allgemeiner Annahme etwas, was das Leben angenehmer und tatsächlich besser macht, weshalb der Bedarf an Kultur praktisch grenzenlos ist. Zudem hat sie den großen Vorteil, uns in den Augen der Nachwelt möglicherweise vorteilhafter erscheinen zu lassen, als wir wahrscheinlich sind. Aus diesen Gründen und aus einigen anderen sollten wir dies alles auch tun: uns Kultur, mehr Kultur, wünschen, sie herbeiholen, sie vermehren. Diese Aufforderung verleiht — so hoffe ich — dem geschichtlichen Fatalismus die so allgemein beliebte positive Note.

Wir sollten uns — und jetzt gebrauche ich ein etwas lyrisches Bild — verhalten wie jene Bauern im Burgenland, die auf die Rauchfänge ihrer Häuser Wagenräder legen, in der an sich fatalistischen Hoffnung, daß Störche sie vielleicht bemerken werden. Manchmal geschieht dann ja auch wirklich das Phantastische, das Märchenhafte, geschieht das Wunder, daß der große, schöne, weiße Vogel die Gelegenheit wahr- und gnädig auf dem Wagenrad Platz nimmt.

Verzeihen Sie mir, daß ich ins Lyrische verfallen bin, aber für mich ist das — ich gestehe es — ein großer Tag heute, ein Tag sozusagen, an dem ich die großen weißen Vögel über Wien am Horizont einschweben sehe oder doch zu sehen glaube. Nicht daß sie sich auf unseren Dächern schon niedergelassen hätten, das noch nicht, aber es besteht doch wenigstens endlich die Möglichkeit, die Hoffnung, daß sie es vielleicht tun werden.

Daß es zu einer solchen Entscheidung wie der heutigen kommen könnte, daran habe ich manchmal — ich gestehe es — schon gezweifelt. Was hier geschieht, ist für mich eine Art Wunder. (. . .)

Ich habe als Journalist und als Fernsehmann, später auch in meiner jetzigen Existenzform, viel Kritisches über die jetzt zu Ende gehende Vorherrschaft der Ideologie der prinzipiellen Stadterweiterung gesagt und geschrieben. Ich habe sehr heftig die Großarchitekten kritisiert, die sich oft gegen besseres eigenes Wissen nicht mehr als Erzkünstler betätigen, sondern als Maschinisten, die Häuser als Wohnmaschinen, ja die ganze Stadt als eine Monstermaschine betrachten. Es hat ja leider lange Zeit nicht viele gegeben, die die buchstäblich lebensfeindliche Häßlichkeit dieser technobürokratischen Architekturauffassung erkannt und kritisiert haben. Wäre ich jünger, würde ich mich heute vielleicht berühmen, recht gehabt zu haben. Aber da ich in ein Alter komme, in dem das Rechthaben und das Rechtbehalten nicht mehr so arg viel Freude macht, verzichte ich darauf.

Auch muß ich als Geschichtsfatalist wohl zur Kenntnis nehmen, daß die Periode der betonierten Häßlichkeiten wahrscheinlich unvermeidlich gewesen ist.

Immerhin kann ich mir die Erinnerung nicht verkneifen, wie ich, und auch einige meiner Freunde, vor gar nicht so langer Zeit hier in diesem Saal noch von einigen Ihrer Redner verhöhnt wurden, als wir über Stadtreparatur, Stadterneuerung und gegen das Bauen auf der grünen Wiese genau das sagten, was heute, Gott sei Dank, auch von Ihnen gesagt wird.

Aber, es sei drum, die Zeit ist reif für eine neue oder auch für mehr Stadtkultur, also auch für die heutigen Entschlüsse.

Was liegt hier vor? Hier liegt vor ein Bekenntnis zur Altstadterneuerung, zur „Großen Reparatur". Hier wird endlich Verzicht geleistet auf eine bloß quantitative Bewertung des Wohnbaugeschehens, die der Architektur und dem Ästhetischen bestenfalls zweitrangige Bedeutung zugewiesen hat.

Hier entsteht langsam, in ihren Umrissen noch keineswegs deutlich, noch etwas verschwommen, doch mehr als eine Einsicht, nämlich eine Vision: die nämlich, daß eine Stadt eben mehr ist als nur die Summe ihrer Funktionen, daß sie vielmehr auch ein aus zahllosen menschlichen, emotionellen, ästhetischen und historischen Bezügen erwachsender, riesiger lebender Organismus ist, auch ein Wunder, ein Mythos, ein bewohnbares, begehbares und stetig erlebbares, sich immer wieder erneuerndes und verjüngendes Denkmal menschlicher Möglichkeiten.

Mit all diesen Erkenntnissen und Einsichten, die zu machen wir jetzt langsam im Begriffe sind, könnte sich in dieser Stadt in der Tat — ich hoffe es, ich wünsche es mir und ich halte es für möglich — eine Renaissance des Urbanen einstellen, könnte die Stadt wieder wirtlich werden.

Vielleicht aber gelingt, und das ist der eigentliche Punkt, auf den ich zu sprechen kommen will, vielleicht gelingt da auch so etwas wie ein kultureller Mutationssprung. Da in der Geschichte und in der Kulturgeschichte nichts zufällig passiert, ist es ja wohl auch kein Zufall, daß diese Entscheidungen so knapp vor die Jahrhundertwende, ja sogar die Jahrtausendwende fallen. (. . .)

Was wir heute hier beschließen, meine Damen und Herren, schafft nur neue Chancen für diese Stadt, schafft noch nicht Wirklichkeit. Die heutige Entscheidung mag, wie gesagt, nicht maximal, nicht optimal sein, aber ich glaube doch, daß sie genügt, um vieles denkbar und vieles möglich erscheinen zu lassen, was gestern noch eine Utopie, was Nostalgie oder Träumerei gewesen ist. Freilich, die Chancen müssen auch genützt werden.

Was wir uns neuestens alle wünschen, nämlich eine rasch wirkende Stadtverjüngung, wird nicht funktionieren, wenn nicht eine gründliche Überholung stattfindet, auch gewisser herkömmlicher Regulative und Positionen und Strukturen. Damit meine ich insbesondere das komplizierte Verhältnis zwischen Baubeamten, Bauträgern und Architekten. Hier müssen die Ressentiments der einen auf die anderen geradezu schüppelweise auf die Straße oder auf die Müllhalden gekehrt werden. Hier muß ein Vorschriftenballast abgeschüttelt werden, der ja wirklich, so weit darf man den Architekten und den Bauträgern wohl glauben, jegliche Phantasie, jegliche Lust am Versuch, jeden Versuch zum Schöneren abtötet. Da wimmelt es von Vorschriften und Bestimmungen die irgendeinmal vernünftig gewesen sein mögen, aber unterdessen längst zur Plage, zur Schikane geworden sind. Da muß an Stelle der bürokratisch-ökonomischen Beziehungen unter den Beteiligten auch ein Gefühl der Partnerschaftlichkeit treten. Das klingt, ich weiß schon, ein bisserl weltfremd, aber es wird notwendig sein. (. . .)

Die Entscheidungsträger der Stadt, und damit meine ich im heutigen Zusammenhang nicht nur die Kuratoren des Stadterneuerungsfonds, damit meine ich wirklich alle, die hier ihren Platz haben, vom Bürgermeister angefangen bis zum Gemeinderat, sie werden hinfort nicht nur Bauwillen zu beweisen haben, aber an dem hat es ja sowieso nie gefehlt, sondern auch Stil- und Kulturwillen. Das heißt unter anderem, daß sie sich nicht die gefälligsten, die dienstbereitesten und die charakterlich simpelsten Architekten, also die anpassungsfähigsten, holen, sondern die besten.

Ich nenne jetzt als Beispiel und mit Absicht nicht Namen lebender Architekten, sondern den Namen eines Toten. Daß der große Josef Hofmann in der Zweiten Republik keinen Auftrag für einen Gemeindewohnbau bekam, ist eine Schande. So etwas sollte sich nicht mehr wiederholen.

Aber es wird auch nicht genügen, jenen Architekten Aufträge zu geben, die schon renommiert sind. Man wird neue Architekten suchen und finden und notfalls sogar erfinden, das heißt, aus Begabungsanfängen heranzüchten müssen. Warum bitte gibt es heute in Vorarlberg, in Tirol, in der Steiermark eine Architekturschule, und nicht längst schon eine Wiener Schule neuer Architektur? Eine Schule, meine ich, eine breite Bewegung, nicht die rühmlichen Ausnahmen von einem architektonischen Mittelmaß, einem im bösen Sinn des Wortes provinziellen Mittelmaß, das in Wien im Laufe von Jahrzehnten gediehen ist, obwohl in diesen Jahrzehnten gebaut und gebaut und gebaut wurde. Das muß doch seine Gründe haben, und die sind nicht nur in der Architektenschaft selbst zu suchen, sondern auch im Denken oder Nichtdenken, in der Phantasielosigkeit, im Nichtstilwillen des oder der Auftraggeber.

Ich hoffe sehr, daß auch die Architektenschaft imstande sein wird, die neuen Chancen zu nützen. Die Architekten befinden sich in keiner sehr glücklichen Lage. Es gibt derzeit eine schwere Krise der Architektur, es gibt keine verbindliche Architektursprache. Der Verlust der Maßstäbe, ein fundamentales Problem unserer Zivilisation überhaupt, hat kein Metier so schwer getroffen wie das der Architekten. Momentan sind sie aus purer Not, aus Sprachlosigkeit, auf Nachempfinden, auf das Kopieren und Zitieren historischer Formen aus.

Aber nun ist wenigstens, und das ist doch immerhin eine Art Hoffnung, die bisher ja ziemlich unbestimmte und verwaschene Anforderungslage klarer geworden. Immer deutlicher schält sich die An- und Aufforderung an die Architekten heraus, eine Architektur zu finden, zu erfinden und zu verwenden, die in kleineren Dimensionen die enormen Traditionen einer gewachsenen Stadt nicht kopiert, aber auch nicht konterkariert, sondern organisch fortsetzt. Nicht mehr nur ökonomisches, nur funktionales Bauen, sondern auch schönes Bauen ist nun wieder gefragt; nicht die Selbstverwirklichung des Architekten wird verlangt, sondern jene selbstbewußte Bescheidenheit, die selbst einem Fischer von Erlach oder einem Otto Wagner keineswegs fremd gewesen ist.

Es wäre dazu noch vieles zu sagen, aber ich muß

mich wohl einbremsen. Als letztes noch: Die neue Situation eröffnet auch die Chance, mit einer Jugend, die allem so fremd und vielfach ablehnend gegenübersteht, wieder zu einem Verhältnis zu kommen, das dazu führt, daß die Jugend wieder in die Polis, in die Stadt, und damit wieder in die Politik zurückgeholt wird.

Ich habe bei früherer Gelegenheit hier einmal den Satz formuliert, daß die unleugbare Kluft zwischen den älteren Generationen und den Jungen nicht so sehr eine ökonomische oder soziale oder gar eine ideologische ist, sondern eine kulturelle. Ich muß mit dem Satz offenbar einen Nerv oder wahren Kern getroffen haben, denn er ist seither oft zitiert und wiederholt worden, und es ist ja einfach auch wahr. Die Jungen, die Ausschau nach diesen großen weißen Vögeln der Phantasie und der Schönheit halten, die wollen halt eine wärmere, eine heimatlichere, eine vertrauenswürdigere, eine schönere, ja eine menschlichere Stadt. Die werden sie jetzt vielleicht, möglicherweise, hoffentlich, kriegen.

Aber auch da muß man neue Wege suchen, die unkonventionell sind. Man muß die Jugend von vornherein wirklich partizipieren lassen an dem, was jetzt geschehen soll, an der Stadterneuerung, an der Stadtverjüngung, man muß sie mitarbeiten, sogar mitbauen lassen. Das sagt sich leicht und wird sehr schwierig sein, dafür gibt es auch kein Patentrezept, man wird eine ganze Palette von Möglichkeiten entwickeln müssen, in der die Stadtwohnung oder die Selbstausbaustartwohnung oder die Selbstausbauwohnung oder die von irgendeinem Geldinstitut geförderte Jugendeigentumswohnung oder neuartige Genossenschaftlichkeiten oder was immer nur Einzellösungen sein werden.

Das wird viele, viele Scherereien geben und ein unendliches Maß an Geduld erfordern, aber die Chance, die sich hier ergibt, eine gesellschaftliche Chance, ist so groß, daß sie fast jedes Opfer wert sein wird.

Meine Damen und Herren! Ich bin am Ende, Sie sehen, ich habe philosophiert und bin dennoch zu sehr, wie ich glaube, pragmatischen Schlüssen gelangt.

Ein letzter Satz noch: Ich werde demnächst jenes Alter erreichen, in dem man früher einmal als ehrwürdiger Greis geehrt oder als alter Depp angesprochen wurde. Aber ich freue mich, ich freue mich von Herzen, daß ich eine Situation erlebe, in der unsere Stadt jung und jünger wird.

Wien — meine Geliebte

(letzte Gemeinderatsrede, 10. 12. 1985)

Meine Damen und Herren!

Ich kann von mir behaupten, daß ich mich eigentlich in meinem ganzen Leben und in jeder Funktion, die ich ausgeübt habe, mit einem einzigen Thema beschäftigt habe, nämlich mit Wien, mit dieser Stadt, die meine Heimat ist und für mich immer so etwas wie meine Geliebte war, meine große, schöne, so oft gekränkte und immer gefährdete Geliebte — ja, ich habe da wohl eine ausgesprochen erotische Beziehung zu unserer Stadt.

Und also hoffe und fürchte ich für sie. Ich fürchte für sie, weil sie gefährdet ist, gefährdet in mancherlei Hinsicht, und darum sprech ich jetzt von ein paar Dingen, die keinem von uns angenehm sein können.

Was immer schuld an dieser Entwicklung gewesen sein mag — wahrscheinlich waren wie immer vieles und viele schuld — so ist es doch die Wahrheit, daß Wien innerhalb der österreichischen Föderation an Ansehen und Gewicht eingebüßt hat und daß mancherlei zentrifugale Kräfte am Werk sind, die Unterschiede zwischen der einzigen Großstadt, die Österreich besitzt, und seinen Ländern zu vertiefen und zu verschärfen. Es stimmt schon, daß Wien nicht länger als Wasserkopf der Republik gilt, aber ebenso sicher stimmt es, daß Wien in den Ländern mehr und mehr als ein Gebilde oder noch undefiniertes Etwas gilt, das sozusagen an den Rand des übrigen Österreich rückt: es ist ja wohl kein Zufall, daß wir selbst dauernd und mit zunehmender Selbstüberzeugung von der österreichischen „Ostregion“ reden, in der sich Wien befindet. Die Sprache ist auch in diesem Fall verräterisch, sie zeigt oft mehr auf, als wir denken. (. . .)

Es besteht gar kein Zweifel, daß Wien einen Image-Tiefpunkt erreicht hat, wie es ihn so nicht einmal zu den Zeiten der Wasserkopf-Nachred gehabt hat. Anders ausgedrückt: Wien mag immer noch die Zentrale dieses Landes sein, seine Rolle als Metropole, als Mittelpunkt eines Staatsgebildes geht verloren. Es ist eine zwar statistisch vorderhand schwer beweisbare, aber für jeden Wiener, der sich in den Nachbarländern umtut, erfahrbare Tatsache, daß das Ansehen Wiens dort mindestens im selben Maß steigt, in dem es in Österreich sinkt.

Das gilt vor allem für unsere Nachbarn und ehemaligen, na sagen wir: Verwandten in Ungarn, in Polen, wahrscheinlich auch in der Tschechoslowakei, sicher und uns immer wieder auf's neue überraschend, in Italien, und zwar nicht nur in den einmal von österreichischen Beamten verwalteten Gebieten, das gilt am Balkan bis runter nach Belgrad. Ist Wien für die übrigen Österreicher eine östliche Stadt, so ist sie für die Genannten eine westliche, ist es Beispiel, Hoffnung, ja sogar immer noch die Metropole eines wenn auch vorderhand noch sehr imaginären Mitteleuropa.

Darüber sollten wir alle herzlich froh sein, denn hier eröffnet sich für Wien, eine Stadt, die seit Jahrzehnten gewisse Schwierigkeiten hat, sich selbst und ihre Rolle in Europa zu definieren — Schwierigkeiten, die nebstbei bemerkt, zu neurotischem Selbstzweifel, ja Selbsthaß führen — hier eröffnen sich einfach Chancen, Aufgaben und Möglichkeiten von historischen Dimensionen.

Erste These also: wir müssen uns drum kümmern, daß Wien vor dem übrigen Österreich besser dasteht als jetzt, daß es nicht nur zur administrativen, sondern auch wieder zur geistigen, kulturellen Metropole des Landes wird, zu einer Stadt, in der jeder Österreicher eigentlich mindestens einmal im Jahr auftauchen müßte, weil's so schön und so interessant und so wichtig fürs ganze Land ist.

Zweite These: Wien muß dafür, mit einer eigenen Stadtaußenpolitik, dafür sorgen, daß es in den Augen der Nachbarn den Rang einnimmt, der ihm in vielleicht nostalgischen Träumen dort eingeräumt wird — aber was heißt schon „Nostalgie"? Es ist eine Art Heimweh, und also sollten wir froh sein, daß man Heimweh nach Wien hat, und das Beste draus machen.

Und nun komme ich etwas übergangslos zu jenem Hoffnungsthema, das ich hier schon mehrfach vorgetragen habe, weil's mir besonders wichtig ist und weil es sozusagen Zukunft in sich hat und weil es mit den beiden anderen Themen und Thesen in einem ganz besonderen Zusammenhang steht. Ich habe davon gesprochen, daß Wien jetzt, gegen das Jahrhundertende hin, wieder einmal vor einer Kulturexplosion steht, weil da eine begabte und zahlenmäßig starke Generation heranwächst, die kulturell außergewöhnlich gut disponiert ist.

Von einer *möglichen* Kulturexplosion, füge ich hinzu, denn es ist natürlich denk- und vorstellbar, daß sie durch tausenderlei Ängstlichkeiten, vielerlei Bürokratismen und nicht zuletzt durch politisches Gezänk sozusagen im Keim erstickt oder gewissermaßen zu Tode gedämpft wird. Was richtig wäre und wichtig wäre, ist die Förderung dieser schöpferischen Potenz, dieser Agglomeration von kreativen Möglichkeiten.

Ich schließe daran die vierte These: Wien hat in dieser Situation, in der es steht, nämlich darüber zu entscheiden, ob es hinfort eine Art von Provinz-Großstadt, die östlichste des Westens, die westlichste des Ostens, sein wird, oder ob es noch den Ehrgeiz hat, das zu sein, was es immer war und wieder sein könnte, nämlich eine oder auch *die* mitteleuropäische Metropole.

Und das kann und wird sich unter anderem auch an dem Projekt zur Neugestaltung des Wiener Donauraums entscheiden. Ausgangspunkt aller Überlegungen ist die Erkenntnis, daß sich in diesem Raum beidseits der Wiener Donau eine ganze Menge von Problemen angesammelt hat, von denen jedes einzelne gelöst werden muß oder nach einer Lösung verlangt. (. . .)

Nun, ich habe Ihnen einen Haufen von Problemen vorgelegt, und nicht eine, nicht eine einzige von diesen Fragestellungen ist geklärt, außer daß jedes dieser Probleme irgendwann einmal irgendwie gelöst werden muß — einfach weil sie da sind, und weil es halt ein Naturgesetz ist, daß eine Ungelöstheit, ein Vakuum, irgendwie zur Lösung drängt.

Und genau um dieses „Irgendwie" geht's. In diesem „Irgendwie" steckt der Teufel des Nichtzusammenhangs, des Dilettantismus, des Pfuschs, dessen, was ich vorhin „Stadtverwicklung" genannt habe. In diesem „Irgendwie" steckt die riesige Gefahr, daß aus ihm wieder einmal große Unternehmungen, große Bauereien, Betonsaurier herauswachsen, zufällig sozusagen, unabhängig voneinander, durch keine übergeordnete Idee aufeinander bezogen — und daß die Dinge dann halt wieder einmal nebeneinander stehen, irgendwie, wie's halt grad kommt. Und davor fürcht' ich mich. Jawohl, davor fürcht ich mich: daß da wieder einmal Willkür, halbe Kompromisse, daß da Dilettantismus und Egoismus eine einzigartige, einmalige Chance zerbröseln, zerpflücken, verhindern.

Auf der anderen Seite liegt da, gelänge es, alle diese Probleme unter einen Hut zu bringen, eine ungeheure städtebauliche Chance für Wien vor — die größte und auf lange Sicht hin letzte Chance, Vorbildlichstes entstehen zu lassen. (. . .)

Ich glaube freilich; um das zu schaffen, um hier von vornherein die richtigen Bedingungen zu finden, Bedingungen, unter denen es möglich ist, die besten Städteplaner und Urbanisten der Welt heranzuziehen, dazu bedarf es der Gemeinsamkeit. Das ist eine Sache, die weit über Parteigrenzen, weit über das taktische Alltags-Hick-Hack hinausgeht, in dem wir alle verstrickt sind. Das ist nicht eine Vision eines Schwerkranken, wie mir in einem taktvollen Magazinartikel nachgesagt wurde, sondern muß jedem, der noch nicht Beton im Hirn hat, als Folge schlichter, aber vernünftiger Überlegung erscheinen.

Zum Schluß noch ein Wort in eigener Sache. Es ist ziemlich sicher, daß dies die letzte große Gemeinderatssitzung ist, in der ich gesprochen habe, es ist möglich, daß es meine letzte Gemeinderatssitzung überhaupt ist. Ich habe mich bemüht, in diesen sieben Jahren politischer Tätigkeit mein Bestes zu geben, ein Urteil, ob's was genützt hat, steht mir nicht zu, das mögen andere fällen. Nicht verschweigen will ich Ihnen, daß ich mich hier, in diesem Saal, selten glücklich gefühlt habe. Ich habe hier allzuviel Unverständliches, ja Irrationales gehört und erlebt, zu viel emotionale Feindseligkeit statt sachbezogener Gegnerschaft, zuviel Herumtaktiererei. Ich habe nichts gegen heftiges Streiten, auch nichts gegen einen gelegentlichen ordentlichen Krach — solange es um Dinge geht, die wichtig sind. Aber zu oft habe ich begreifen müssen, daß es nur um pure Parteidinge ging, nicht aber um das, was uns allen mehr als jede Partei bedeuten sollte, nämlich um die Stadt, um Wien.

Der Weltuntergang — und wie man ihn überlebt

(1975)

Denn der nächste Weltuntergang wird, wenn man's summarisch definiert, die Konsequenz des Zusammenpralls eines chiliastischen Irrationalismus mit einer überperfektionierten Technologie sein.
Das ist eine Situation, die jener Bizarrerie, für die der Österreicher ein gewisses naives Verständnis hat, nicht entbehrt.

Jörg Mauthe: Der Weltuntergang — und wie man ihn überlebt, 1975

„Und 's is was in mir", sagt Nestroy, „was ein Triumphgeschrey aufschlagt, grad dann, wenn's mir recht schlecht geht, das is mein Schicksalshaß. Diesem Haß zulieb ist mein Stolz ein Eremit geworden, in den dichten Wald der Betrachtung hat er sich seine Hütte gebaut. In der Welt wird der Stolz zuviel gedemütigt; wenn er eine Stunde der Empörung hat, stellt sich die eigene Ohnmacht vis-à-vis und lacht ihn aus. In der Selbsteinsamkeit aber stellt man sich als sein eigener Stolz unter das Thor seiner Eremitage, und wenn's Schicksal vorbeigeht, diese unendliche Macht, denkt man sich: ‚Sey du so unendlich, als du willst, ich schau dich doch nur über die Achsel an!' und sagt ihr auch ins Gesicht, der unendlichen Schicksalsmacht: ‚Du bist blöd und dumm und schlecht, ich hab nicht soviel Respekt vor dir.' Der Triumph soll mir den streitig machen, wenn er kann."

Das ist die Haltung des Wieners gegenüber seinem Schicksal, genau beschrieben vom Scharfsinnigsten, den es unter den geborenen und gelernten Wienern je gegeben hat.
Angesichts solcher Voraussetzungen ist füglich nicht zu erwarten, daß der Wiener jemals einen Versuch unternehmen würde, heroisch gegen das Schicksal zu kämpfen. Wie auch sollte man gegen das schlechthin Absurde kämpfen? Man kann ihm allenfalls gelegentlich aus dem Wege gehen, man kann so tun, als wäre das Absurde das eigentlich Normale — die meisten Wiener tun das —, und man kann sich des öfteren absurder Mittel bedienen, um das Schicksal zu überlisten.
Der Wiener hilft sich gegen das Schicksal sozusagen mit Judokniffen. Die rein existentielle Selbstverteidigung ist alles, wozu er sich aufraffen kann.
In ihr allerdings leistet er dank täglicher Übung Wunderbares, vielleicht sogar Geniales.
Man könnte auch sagen: Diese Einstellung und diese Routine haben den Wiener zum geborenen und gelernten Überleber gemacht. Zu betrachten, was er tatsächlich schon überlebt hat, erfüllt mit Staunen. Zu bedenken, was er noch alles überleben können wird, erfüllt mit Hoffnung.

Jörg Mauthe: Der gelernte Wiener, 1961

7.1.2024

3+)